GU RATGEBER GESUNDHEIT

W0183090

KLAUS KOLB & FRANK MILTNER

Gedächtnis-Training

- Der schnelle Weg zur Spitzenleistung
- Mit 10-Tage-Trainings-Plan
- Test: Wie gut ist Ihr Gedächtnis

G|U

Inhalt

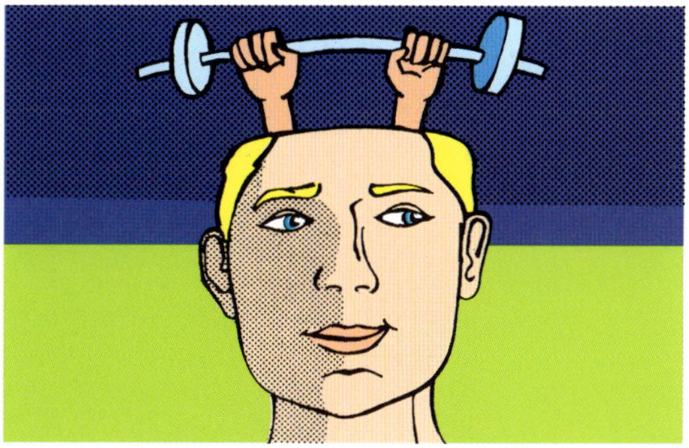

Wichtiger Hinweis

Dieses Buch zeigt Ihnen, wie Sie das Potential eines gesunden Gedächtnisses nutzen und alltägliche Gedächtnis-Schwächen beseitigen können. Es gibt jedoch eine Vielzahl von Krankheiten, die sich auf das Gedächtnis auswirken. Für solche Fälle ist dieser Ratgeber nicht geschrieben. Wenn Sie sich nicht sicher sind, dann konsultieren Sie bitte einen Arzt. Erkundigen Sie sich dort auch nach Gedächtnis-Ambulanzen, die es inzwischen in mehreren deutschen Städten gibt. In diesen Einrichtungen arbeiten Fachleute, die mit großer Erfahrung auf die Diagnose von Gedächtnis-Krankheiten spezialisiert sind.

Ein Wort zuvor

Seit der ersten Auflage dieses Buches 1996 hat sich viel bewegt. Die Gemeinde der Fans von Gedächtnistraining wächst, Gehirnsport wird immer populärer. Man trifft sich zum gemeinsamen Training, auch viele Jugendliche, um das Gehirn fit zu machen für Alltag und Schule. Unter großem öffentlichen Interesse wurde 1997 erstmals die Deutsche Gedächtnismeisterschaft ausgetragen. Gedächtnis-Künstler aus der ganzen Republik treffen sich seitdem Jahr für Jahr, um die Besten im Wettkampf zu ermitteln. Diese messen sich anschließend bei der seit 1991 jährlich in London stattfindenden Weltmeisterschaft mit der internationalen Konkurrenz.

Um den Titel Gedächtnis-Weltmeisterschaft zu gewinnen, muß man wahrlich meisterhafte Fähigkeiten besitzen, zum Beispiel sich innerhalb von 34 Sekunden (Weltrekord 1998) die richtige Reihenfolge eines gemischten Spiels mit 52 Karten merken (pro Karte eine halbe Sekunde Zeit!). Würden Sie das schaffen? Ein Mensch mit einem normalen Gedächtnis braucht für die Aufgabe 30 Minuten! Sind diese Leute außergewöhnlich begabt? Nein! Sie haben lediglich einfache Gedächtnis-Tricks erlernt, wenden diese nun aber konsequent an. Sie trainieren hart, führen ein gesundes Leben und konzentrieren sich im Wettkampf voll und ganz auf die gestellten Aufgaben. Ganz ähnlich wie ein Spitzensportler.

Auch wenn Sie, um bei diesem Vergleich zu bleiben, nur wie ein »normaler« Sportler trainieren möchten, können Sie mit den gleichen Grundtechniken Ihr Gedächtnis verbessern. Dieses Buch kann Ihr persönlicher Trainer werden, der die Schwächen seines Schützlings erkennt und der Übungen parat hat, mit denen Sie das Trainingsziel erreichen. Denn mit Gedächtnis-Training schärfen Sie Ihre Sinne, erfassen neue Informationen schneller und rufen Gespeichertes rascher ab. Sie sortieren Wichtiges von Unwichtigem und vergrößern Ihre Speicherkapazitäten, ohne die Information als Ballast zu empfinden. Dann fällt vieles leichter: Lernen, Arbeiten, tägliche Erledigungen, das Älterwerden und der Umgang mit Mitmenschen. Ein Bekannter wird sich sicher freuen, wenn Sie seinen Namen noch kennen und sich an seine Äußerungen vom letzten Treffen erinnern. Letztendlich verbessern Sie Ihre Chancen auf persönliche Erfolge, auch auf die kleinen und ganz privaten – es muß ja nicht gleich der Titel »Gedächtnis-Weltmeister« sein.

Klaus Kolb/ Frank Miltner

Unser Gedächtnis – das Universum im Kopf

Wir schwelgen in Erinnerungen und unterhalten uns in fremden Sprachen. Wir malen uns in Gedanken Bilder aus und lösen im Kopf komplizierte Gleichungen. Unser Gedächtnis vollbringt Höchstleistungen, läßt uns dann aber plötzlich bei scheinbar einfachen Aufgaben im Stich. Seit jeher fragen sich wißbegierige Geister, was hinter diesem allgegenwärtigen und doch so unbekannten Phänomen steckt. Schon in der Antike versuchten die Menschen ihr Gedächtnis durch Übungen und Tricks zu verbessern. Und heute, wo wir zu verstehen beginnen, wie das Gedächtnis arbeitet, stellen wir fest, daß die neuen Erkenntnisse die schon lange praktizierten Gedächtnis-Tricks bestätigen.
Begeben wir uns nun auf die Reise ins Universum in unserem Kopf.

Gedächtnis-Training – wie und warum?

Steinzeitmenschen mit Terminkalender

Biologisch unterscheidet sich unser Gehirn wenig von dem der Steinzeitmenschen, doch es muß heute viel mehr Informationen verarbeiten.

Unser Gehirn ist nicht für die moderne Welt gebaut – es ist eine biologische Konstruktion aus der Steinzeit. Damals gab es keine Uhren, Terminkalender, Nachrichten, Codezahlen und Telefonnummern. Die Welt hat sich in den vergangenen 200 000 Jahren jedoch verändert. Tagtäglich stürzen Millionen und Abermillionen von Informationseinheiten, die berühmten »Bits«, auf uns ein. Ständig muß unser Gehirn zwischen Wichtigem und Unwichtigem unterscheiden. Wen wundert es da, daß bei dieser Flut dem sonst so leistungsstarken Gedächtnis ab und zu Fehler unterlaufen? Bedauerlicherweise werden ganz normale Gedächtnis-Schwächen oft als Krankheit interpretiert.
Machen auch Sie sich Sorgen, wenn Ihnen der Name eines alten Bekannten plötzlich nicht mehr einfällt? Sind das etwa schon die ersten Symptome der Alzheimerschen Krankheit? Wenn unser Gedächtnis nicht so funktioniert, wie die Gesellschaft es erwartet, werden wir häufig belächelt, verspottet, für dumm gehalten oder bestraft: im Unterricht, am Arbeitsplatz oder als alter Mensch. Zwar ist bekannt, daß unsere Merkfähigkeit schon ab dem dreißigsten Lebensjahr abnimmt. Doch die Forschung der vergangenen Jahre und Jahrzehnte hat uns eine erfreuliche Erkenntnis gebracht: Mit regelmäßigem Gedächtnis-Training bleiben Sie bis ins hohe Alter geistig fit und behalten ein exzellentes Gedächtnis. Denn das Gehirn ist trainierbar wie ein Muskel.

Geistige Fitneß ist bis ins hohe Alter möglich

Einsichten als Weg zur Besserung

Gedächtnis-Training ist nicht nur das Auswendiglernen von Zahlenkolonnen oder das Grübeln über kniffligen Aufgaben. An erster Stelle stehen vielmehr folgende Einsichten:

Streß und Überlastung des Gehirns vermeiden

- Wir dürfen unser Gehirn nicht überlasten: Die meisten Menschen, die unter Gedächtnis-Schwächen leiden, haben ein durchaus gesundes und leistungsfähiges Denkorgan. Oft genug sind es allein berufliche Überlastung, persönlicher Streß, Übermüdung, Frustrationen und »Burn-out«-Gefühle, die Probleme verursachen. Versuchen Sie, sich von solchen Auslösern zu befreien. Möglichkeiten dazu gibt es genug: klärende Gespräche, Vermeidung von Streßfaktoren, Psychotherapien, Entspannungsübungen und vieles mehr. Ein Arzt hat es einmal recht treffend formuliert: »Wir haben nicht wirklich Probleme mit unseren Erinnerungen, sondern mit unserer Welt.«

Gedächtnis-Fehler? Kein Weltuntergang

- Schämen Sie sich nicht, wenn Ihnen Gedächtnis-Fehler unterlaufen. Niemand braucht deswegen rot anzulaufen, nervös zu werden oder vor Scham in den Boden zu versinken – sonst stellen sich nur weitere Gedächtnis-Blockaden ein. Gehen Sie selbstbewußt, witzig oder charmant über diese Situationen hinweg – auch dann, wenn es vielleicht »um die Wurst geht«.

Ganz wichtig: die Motivation

- Erfolgreiches Gedächtnis-Training klappt nur mit entsprechender Motivation. Mit Zwang werden Sie nichts erreichen – um so mehr mit Begeisterung, Elan, Wachsamkeit und Entdeckerdrang. Lösen Sie sich von eingefahrenen Gleisen und probieren Sie die neuen Wege aus, die sich Ihnen bieten – zum Beispiel mit Hilfe dieses Buches.

Erfahren, wie das Gedächtnis funktioniert

- Wenn Sie das enorme Potential, das in Ihrem Kopf steckt, nutzen wollen, machen Sie sich bewußt, wie Ihr Gedächtnis funktioniert. Bedauerlicherweise wird uns immer nur genau gesagt, *was* wir im Gedächtnis behalten müssen, aber selten, *wie* wir das anstellen können und warum gerade so. Die nächsten Seiten sollen deshalb zeigen, auf welchen biologischen Voraussetzungen die Tips und Übungen dieses Buches aufbauen.

Das Gehirn – Sitz des Gedächtnisses

Das Gehirn managt Körper, Gefühle und Handlungen

Sich etwas zu merken, ist nur eine von vielen Aufgaben, die das Gehirn meistert: Wie ein vielbeschäftigter Manager verwaltet es alles, was im Körper vor sich geht. Es registriert dessen Signale und gibt ihnen einen Sinn: Es macht uns durstig, wenn wir zu wenig trinken, und müde, wenn wir zu wenig schlafen. Das Gehirn steuert unsere Handlungen, es verknüpft die Informationen aus der Außenwelt mit unseren Erinnerungen und wird damit zum Sitz des Bewußtseins. Es läßt uns wütend werden, uns freuen und andere Emotionen verspüren. So ist das Gehirn an allem beteiligt, was uns als Persönlichkeit auszeichnet – an unserem Körper, an den Erinnerungen, Gedanken, Gefühlen und Reaktionen auf die Außenwelt. Das Gehirn macht uns zu dem, was wir sind.

Größe und Gewicht sind unbedeutend

Übrigens: Größe und Gewicht des Gehirns sind nicht entscheidend. Das durchschnittliche Gewicht beträgt bei Frauen 1250 und bei Männern 1350 Gramm und hat nichts mit den geistigen Fähigkeiten zu tun: So wog das schwerste Exemplar fast 1700 Gramm und stammte von einem geistig zurückgebliebenen Menschen, das kleinste wog etwas über 900 Gramm – es gehörte einem bekannten Schriftsteller.

Ein gigantisches Netzwerk

Im Gehirn sind die Nervenzellen zu einem Nervennetz verschaltet

Im Gehirn sind ungefähr 100 Milliarden Nervenzellen – die Neuronen – miteinander verschaltet; auf ein paar hundert Millionen hin oder her kommt es dabei nicht an. Dazu kommen noch zehnmal soviel Stützzellen (Glia-Zellen), die eine Grundmasse bilden, in welche die Neuronen eingebettet sind, und die sie mit Energie versorgt. Im Gehirn eines Erwachsenen steht jedes Neuron gleichzeitig mit bis zu 10 000 anderen Neuronen in Verbindung. Die Schaltstellen zwischen zwei Nervenzellen – die Synapsen – funktionieren ähnlich wie elektronische Lötstellen und leiten elektrische Impulse weiter. Auf diese Weise entsteht in unserem Gehirn ein Nervennetz mit einer Gesamtlänge von rund 100 000 Kilometern – das Zweieinhalbfache des Äquatorumfangs – mit mehreren Billiarden Verzweigungen. Dieses gigantische Netz macht nur zwei bis drei Prozent der Körpermasse aus, verbraucht aber 20 Prozent unserer Energie. Während eines Tages produziert es im Wachzustand eine Leistung von 25 Watt, genug, um eine Glühbirne zum Leuchten zu bringen.

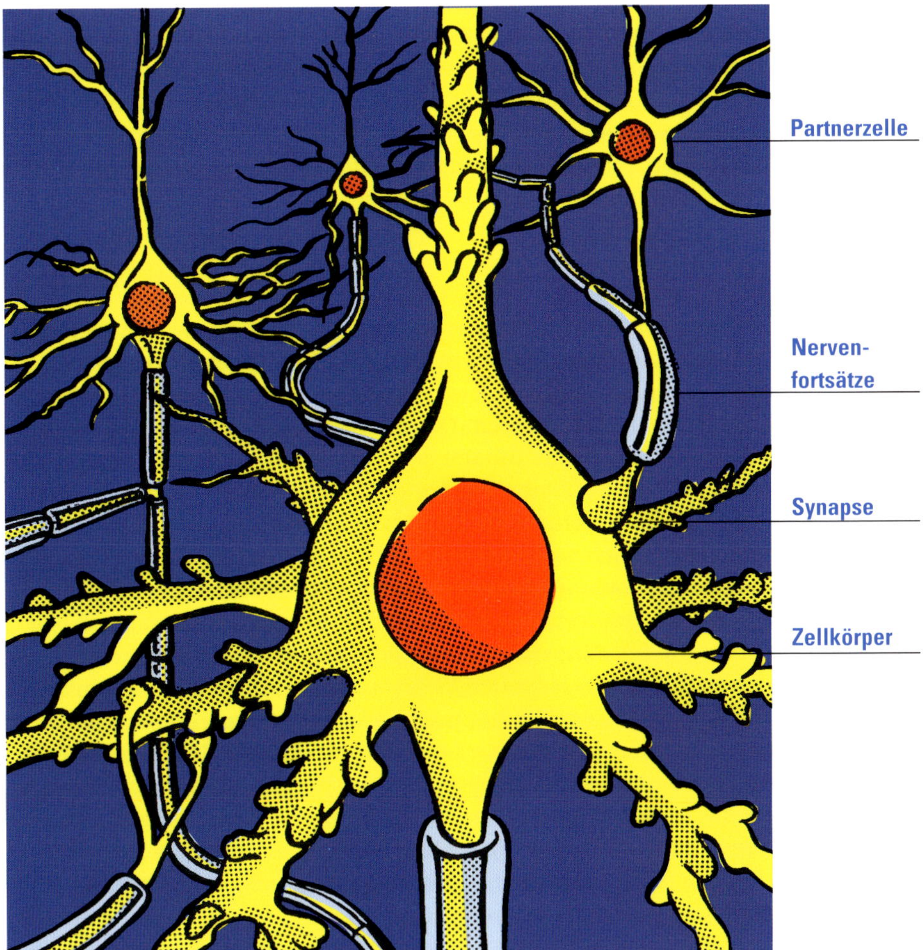

Das neuronale Netzwerk: *Milliarden von Nervenzellen sind im Gehirn miteinander verschaltet. Die Zellkörper bilden dazu Nervenfortsätze (Axone) aus, die sich mit Partnerzellen verschalten oder Muskeln (nicht abgebildet) in Bewegung setzen.*

Gedächtnis ist Teamarbeit

Um Karten der Hirnaktivität zu zeichnen, untersuchen die Forscher Menschen, bei denen durch Unfall oder Krankheit Gehirnregionen zerstört sind. Fallen dann bestimmte Gedächtnis-Leistungen aus, kann man sie den geschädigten Gebieten zuordnen. Die Wissenschaftler setzen seit einigen Jahren moderne bildgebende Verfahren ein, die zeigen, welche Gehirnareale bei bestimmten Gedächtnis-Aufgaben einen hohen Stoffwechsel oder elektrische Aktivität aufweisen. Ein wichtiges Verfahren heißt Positronen-Emissions-Tomographie (PET). So kann man also inzwischen ein einfaches Schema zeichnen, welchen Weg unsere Sinneseindrücke nehmen, bis sie im Gedächtnis abgelegt werden, und welchen Weg diese Informationen beim Abrufen gehen. Bei diesen Prozessen fließen die Informationen durch bestimmte »Flaschenhals-Strukturen« (siehe die Abbildung). Fast alle Gehirnteile steuern ihren Teil zum Gedächtnis bei – Gedächtnis ist eben Teamarbeit.

Fast alle Teile des Gehirns beteiligen sich an der Gedächtnis-Arbeit

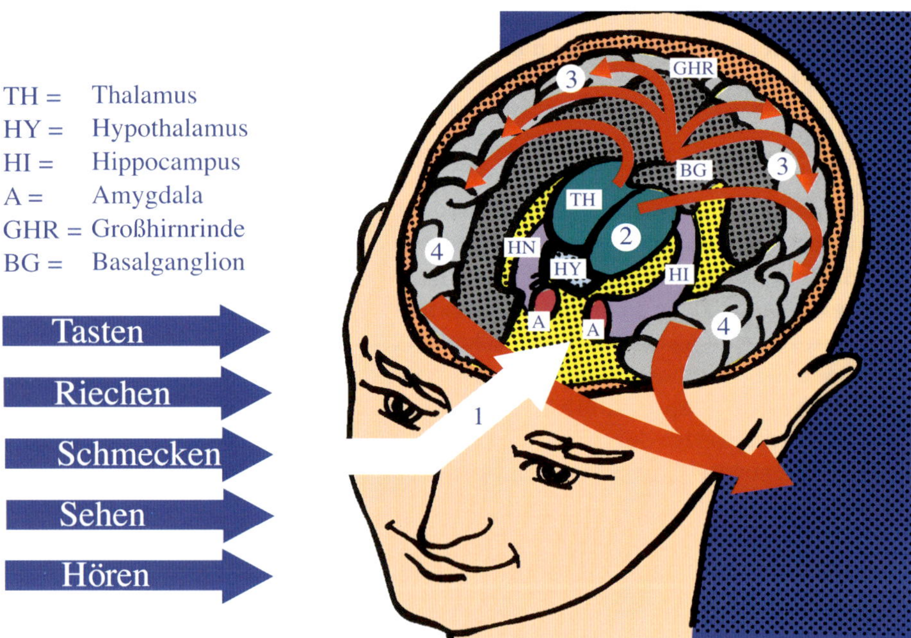

Am Gedächtnis sind verschiedene Teile des Gehirns beteiligt: Im Zentrum kommen die Informationen an, im Großhirn werden sie abgelegt und vorne abgerufen.

Wie funktioniert die Teamarbeit?

Die Abbildung links zeigt stark vereinfacht, welche Gehirnstrukturen bei der Gedächtnis-Arbeit beteiligt sind:

Informationen werden aufgenommen ...

① Das »sensorische System« (= die Sinnesorgane und ihre Nervenleitbahnen ins Gehirn) nimmt die Informationen aus der Umwelt auf: Wir tasten, riechen, schmecken, sehen und hören.

... bewertet und sortiert ...

② Die Informationen passieren die erste »Flaschenhals-Struktur«, das »limbische System«. Dieser zentral gelegene Teil des Gehirns ist eine Art Empfangshalle und Sortierzentrum. Hier arbeiten verschiedene Einheiten eng zusammen: zum Beispiel der »Thalamus« (siehe Abbildung), der am Bewußtsein, am Zeitgefühl und an der Muskelbewegung – der Motorik – beteiligt ist.
Unterhalb des Thalamus liegt der »Hypothalamus«. Er spielt eine wichtige Rolle bei elementaren Bedürfnissen wie Hunger, Durst oder Sexualverhalten.
Die »Amygdala« (übersetzt »Mandelkern«) fungiert als »Gefühlszentrum« und bestückt Informationen mit Emotionen.
Der »Hippocampus« (übersetzt »Seepferdchen«) ist für die Zwischenspeicherung der Informationen im Kurzzeit- und im mittelfristigen Gedächtnis (siehe Seite 17 und 18) verantwortlich sowie für die Verteilung neuer Gedächtnis-Inhalte auf die entsprechenden Regionen im Großhirn.

... auf der rechten oder linken Großhirnrinde abgelegt ...

③ Dann werden die Informationen – je nach Art – auf der rechten oder linken Großhirnrinde (Cortex) abgelegt (siehe auch Kasten Seite 73). In bestimmten Nervenansammlungen – den Basalganglien – und im Kleinhirn (in der Abbildung nicht sichtbar) sind Fertigkeiten gespeichert, die wir »verinnerlicht« haben, etwa Autofahren oder Schwimmen (siehe Seite 19 und 20).

... und abgerufen sowie umgesetzt

④ Schließlich werden die gespeicherten Gedächtnis-Inhalte – nach den neuesten Erkenntnissen hauptsächlich über die Flaschenhals-Strukturen des Stirnhirns und der Schläfenlappenspitzen – abgerufen, miteinander assoziiert, an den Bewegungsapparat weitergeleitet und in Handlungen umgesetzt.

Das System hinter dem Training

Obwohl die Speicherkapazität unseres Gedächtnisses fast unendlich groß ist, fällt es uns oft schwer, viele Fakten zu behalten oder wieder abzurufen. Ein ausgezeichnetes Gedächtnis ist eben mehr als ein riesiger Topf, in dem sich Fakten und Ereignisse ansammeln. Zu einem perfekten Gedächtnis gehört auch die Fähigkeit, Informationen rasch und bewußt aufzunehmen und sie später problemlos wiederzufinden und abzurufen. Psychologen unterscheiden drei Phasen, die an der Gedächtnis-Bildung beteiligt sind – alle drei können Sie trainieren.

Mit Training zum perfekten Gedächtnis

Drei Phasen zum perfekten Gedächtnis

Damit unser Gedächtnis perfekt arbeiten kann, müssen die drei folgenden hintereinandergeschalteten Phasen funktionieren:

- *Übersetzung:* Die Reize, die wir über unsere Sinnesorgane empfangen, werde in eine Sprache übersetzt, die das Gehirn versteht. Das setzt aber voraus, daß Sie nicht abstumpfen, sondern Ihre Sinne schärfen und gezielt einsetzen: Richten Sie Ihre Aufmerksamkeit auf ausgewählte Reize. Hier helfen Übungen zur Konzentration und Schnelligkeit (siehe Seite 46 f.).
- *Speicherung:* Das übersetzte Material wird im Gedächtnis abgelegt. Doch bevor die Informationen dauerhaft abgespeichert sind, müssen sie gefestigt werden. Beim Gedächtnis-Training arbeiten Sie deswegen mit viel Phantasie (siehe Seite 40 f.), mit Assoziations-Techniken (siehe Seite 43 f.), und beachten die wichtigste Regel: Mäßig, aber regelmäßig üben.

Wichtig: mäßig, aber regelmäßig üben!

- *Abruf:* Das Gedächtnis ist erst perfekt, wenn die gespeicherten Informationen jederzeit wieder abgerufen werden können. Oft klemmt es aber gerade hier. In diesem Buch werden Sie immer wieder auf Tricks stoßen, mit denen Sie Ihr Gedächtnis nach den gewünschten Inhalten absuchen können. Doch immer gilt: Je besser man eine Information speichert, desto einfacher kann sie später wieder abgerufen werden.

Die Stufen der Erinnerung

Vier zeitlich verschiedene Gedächtnis-Systeme

Manche Dinge speichern wir nur für Sekunden, andere ein Leben lang. Warum gibt es diese Unterschiede? Tatsächlich kann man zwischen vier zeitlich unterschiedlichen Gedächtnis-Systemen unterscheiden:

Das sensorische Gedächtnis

Speicherung maximal eine Sekunde lang

Es behält Sinneseindrücke maximal eine Sekunde lang. Das ist die Dauer, für die unsere Sinnesorgane ohne die Hilfe des Gehirns selber Informationen speichern können. Betrachten Sie zum Beispiel die folgende Buchstabengruppe nur den Bruchteil einer Sekunde lang:

G B Y
X U L
Z P Q

Sie werden feststellen, daß Sie noch etwa eine Sekunde lang jede beliebige Buchstabenreihe aus dem Gedächtnis rezitieren können, ohne die Buchstaben jemals bewußt gelesen zu haben: eine Leistung des sensorischen Gedächtnisses Ihrer Augen.

Das Kurzzeitgedächtnis

Merkfähigkeit bis zu 25 Sekunden

Von den Milliarden »Bits« – ein Begriff aus der Informatik, welcher die kleinste Einheit einer Information bezeichnet –, die jede Sekunde auf uns einstürmen, nehmen wir nur den geringsten Teil bewußt wahr: rund 16 Bits pro Sekunde. Sie landen im Kurzzeitgedächtnis, das mit einer Zeitspanne von bis zu 25 Sekunden arbeitet. Wir alle kennen die Tücken dieser kurzen Zeitspanne: Wenn Sie eine Nummer im Telefonbuch nachschlagen, die Sie nur einmal benötigen, werden Sie diese nicht auswendig lernen. Sie speichern die Nummer im Kurzzeitgedächtnis ab und wählen möglichst sofort. Danach haben Sie die Nummer wieder vergessen. Noch schwieriger gestalten sich Ferngespräche: zu einer fünfstelligen Vorwahl kommen dann noch mehrstellige Rufnummern dazu. Für ein durchschnittliches Kurzzeitgedächtnis sind zehn oder mehr einzelne Ziffern aber zu viele Informationen auf einmal. Denn das Kurzzeitgedächtnis kann nur sieben (plus/minus zwei) Posten aufnehmen, also einzelne bedeutungstragende Informationseinheiten, wie Zahlen, Namen und Begriffe. Indem Sie jedoch mehrere Posten unter einem übergeordneten Begriff, einem »Chunk«, zusammenfassen, können Sie die Kapazität immens ausbauen (siehe auch Seite 58).

Das begrenzte Kurzzeitgedächtnis kann vergrößert werden

Auf der Stufe des Kurzzeitgedächtnisses siedelt man nach neuen Forschungen aber noch eine andere, typisch menschliche Fähigkeit an: das Bewußtsein. Hier ist die Schnittstelle, in der Informationen aus dem sensorischen Gedächtnis, dem mittelfristigen und dem Langzeitgedächtnis miteinander verknüpft und bewußt verarbeitet werden. Ganz ähnlich wie im Arbeitsspeicher eines Computers, in dem Daten von der Festplatte mit den Eingaben der Tastatur zusammentreffen. Aus diesem Grund wird das Kurzzeit-gedächtnis auch als »Arbeitsgedächtnis« oder »Arbeitsspeicher« bezeichnet.

Das mittelfristige Gedächtnis

Es kann Informationen bis zu mehreren Tagen speichern. Es ist die Zeitphase, die man benötigt, bis eine Information durch mehrfaches Wiederholen vom Kurzzeit- ins Langzeitgedächtnis übergegangen ist. In diesen Zwischenspeicher gelangt weniger als ein Hundertstel des Materials aus dem Kurzzeitgedächtnis, dafür ist seine Kapazität um das Zehnfache höher.

Speicherung bis zu mehreren Tagen möglich

Das Langzeitgedächtnis

Unter optimalen Lernbedingungen gelangen alle Informationen aus dem mittelfristigen Gedächtnis hierher. Die Kapazität des Langzeitgedächtnisses schätzt man auf 10 Milliarden bis zu 100 Billionen Bits, eine Datenbibliothek von gut 6 Milliarden Schreibmaschinen-Seiten. Neben puren Fakten ist in dem riesigen Speicher noch Raum für kreative Gedanken, Meinungen und Wertungen.

Gedächtnis-Speicher ist theoretisch unendlich groß

Welche Gedächtnis-Arten trainieren wir?

Natürlich möchten wir möglichst viele nützliche Informationen im Langzeitgedächtnis speichern, etwa die Telefonnummern von Freunden, wichtige Geschichtsdaten, die Namen der Geschäftspartner und vieles mehr. Doch es gibt noch andere Arten des Gedächtnisses: etwa die Fertigkeit, Schnürsenkel zu binden. Diese haben wir uns sehr früh und unter großen Mühen angeeignet. Jetzt brauchen wir nicht mehr darüber nachzudenken, nach welchen Regeln ein Schnürsenkel geknotet wird, wir tun es einfach. Es fällt sogar meist schwerer, die Tätigkeit aus dem Gedächtnis zu beschreiben.

Das Gedächtnis für verinnerlichte Fertigkeiten

Speicher für unbewußte Erinnerungen

Im Gedächtnis für »verinnerlichte« Fertigkeiten – dem prozeduralen Gedächtnis – sind die unbewußten Erinnerungen daran, wie Dinge getan werden, gespeichert. Dazu zählt das Binden von Schnürsenkeln, aber auch Auto- und Fahrradfahren, Schwimmen, Fußballspielen oder der Umgang mit einem Instrument.

Das Gedächtnis für Fakten und Ereignisse

Das Gedächtnis für Fakten und Ereignisse – das deklarative Gedächtnis – wird in zwei Gruppen unterteilt:

Speicher für »Weltwissen«

- Das Gedächtnis für allgemeine Fakten und Ereignisse – das semantische Gedächtnis – ist wie eine Enzyklopädie, in der allgemeine Fakten über die Welt und ihre Bedeutung abgelegt sind, zum Beispiel Geschichtsdaten oder Formeln.

... und für persönliches Wissen

- Im Gedächtnis für persönliche Erlebnisse – dem episodischen Gedächtnis – sind alle autobiographischen Informationen abgelegt: der erste Kuß, der Autounfall vor fünf Jahren, die Hochzeit.

■ Beim Gedächtnis-Training konzentrieren wir uns speziell auf das semantische Gedächtnis, wenn wir Namen besser behalten wollen, Zahlen, Begriffe, eben Fakten. Dazu nehmen wir uns das episodische Gedächtnis zur Hilfe, indem wir Fakten mit Ereignissen verbinden und damit eine höhere Merkfähigkeit erhalten.

Der Stammbaum der Gedächtnis-Arten: *Das Gedächtnis für Fakten und Ereignisse teilt sich in persönliche Erlebnisse und in Weltwissen auf. Das Gedächtnis für verinnerlichte Fertigkeiten liegt auf einem eigenen Ast.*

Daß es sich bei den Gedächtnis-Arten nicht nur um eine künstliche Einteilung handelt, zeigt der Fall T.: Der Familienvater verließ eines morgens sein Haus, um mit dem Fahrrad Brötchen zu holen. Von einem Moment auf den anderen war sein episodisches Gedächtnis ausgelöscht. Er wußte nicht mehr, wer er war, und irrte umher, bis er von der Polizei aufgegriffen und identifiziert wurde. Eine umfangreiche Untersuchung zeigte: Sein semantisches Gedächtnis war noch voll intakt. Er wußte zwar, daß der Kilimandscharo in Tansania steht, aber nicht mehr, daß er ihn selbst einmal bestiegen hatte. Die Ursache ist noch unbekannt.

Warum vergessen wir?

Ursachen für das Vergessen

Wer nicht vergessen kann, ist krank

Vergessen ist normal und sogar wichtig, denn es schützt uns vor Datenstau und Reizüberflutung. Stellen Sie sich vor, Sie würden sich an alles erinnern, was Sie jemals gelernt und erlebt haben – wie schrecklich! Es kommt nun eben darauf an, das Unwichtige zu vergessen, sich an Wichtiges aber zu erinnern. So ist es zum Beispiel äußerst ärgerlich, wenn Sie ein Fremdwort zum x-ten Mal im Lexikon nachschlagen müssen.

Es gibt mehrere Ursachen, warum wir vergessen:

- *Verfall:* Gespeichertes bleicht mit der Zeit aus, genauso wie eine Fotografie, deren Farben im Laufe der Jahre verblassen. Im sensorischen, im Kurzzeit- und im mittelfristigen Gedächtnis macht der Verfall einen Sinn. Er sorgt dafür, daß diese begrenzten Speicher nicht vollaufen. Doch wenn wir Inhalte aus dem Langzeitgedächtnis mit seiner theoretisch unbegrenzten Speicherkapazität vergessen, dann ist dies nicht plausibel zu erklären. Viele Forscher gehen deshalb davon aus, daß Erinnerungen zeitlebens vorhanden bleiben, daß man lediglich Probleme hat, sie abzurufen.
- *Abrufprobleme:* Wie ein Schlüssel, den man irgendwo abgelegt hat, aber nicht mehr weiß, wo, können vorhandene Gedächtnis-Inhalte nicht wiedergefunden werden, etwa unter Streß, bei dem bestimmte Hormone, die Glucocorticoide, die Abruffunktion blockieren. Das Gedächtnis-Training kennt einige Möglichkeiten, die Wahrscheinlichkeit des Wiederfindens zu erhöhen.
- *Verdrängung:* Sie setzt dann ein, wenn Informationen zu schmerzhaft, demütigend oder furchterregend sind, wenn man also extreme, traumatische Erlebnisse hatte. Zum Glück kommen solche Ereignisse nicht sehr häufig vor, denn gegen diese Schocks ist auch das Gedächtnis-Training machtlos. Allerdings können Sie unangenehme Ereignisse oder Empfindungen in abgeschwächter Form für ein besseres Gedächtnis nutzen: Wenn Ihnen zum Beispiel eine Person unsympathisch ist, gibt es Möglichkeiten, den Namen des Menschen besser zu behalten.

Testen Sie Ihr Gedächtnis

Bevor Sie in die Vielfalt der Tips und Übungen für ein besseres Gedächtnis eintauchen, können Sie Ihr Gedächtnis testen. Zuerst sollen Sie die eigene Einschätzung zu den Schwächen und Stärken Ihres Gedächtnisses abgeben. Das Ergebnis können Sie dann mit dem Resultat einer repräsentativen Befragung vergleichen. Danach folgt ein ausführlicher Test, für den Sie sich eine Stunde Zeit nehmen sollten. Dabei wird Ihr Gedächtnis »auf Herz und Nieren« geprüft.
Auf diese Weise erfahren Sie, ob Sie sich schon für die kommende Gedächtnis-Weltmeisterschaft anmelden können oder ob Sie lieber noch etwas trainieren.

Checkliste: Gedächtnis-Tücken

Versuchen Sie, sich richtig einzuschätzen

Auf welchem Gebiet hat Ihr Gedächtnis Stärken bzw. Schwächen? Lesen Sie dazu die Fragen durch und lassen Sie sich für die Selbsteinschätzung Zeit. Auf der gegenüberliegenden Seite haben Sie zum Vergleich das Ergebnis einer repräsentativen Umfrage. So können Sie sehen, ob Sie »im Trend liegen« oder ob Sie in einzelnen »Disziplinen« schwächer oder stärker sind als der Durchschnitt. Lesen Sie die rechte Seite bitte erst durch, nachdem Sie die Selbsteinschätzung durchgeführt haben. Kreuzen Sie nun das Zutreffende an:

	nie	selten	häufig	sehr oft
Vergessen Sie Namen?				
Vergessen Sie, wo Sie Dinge hingelegt haben, z. B. Schlüssel?				
Vergessen Sie gerade gelesene oder gehörte Telefonnummern?				
Vergessen Sie Wörter, Begriffe?				
Vergessen Sie, daß Sie jemandem schon etwas erzählt haben?				
Vergessen Sie, was Ihnen jemand erzählt hat?				
Vergessen Sie Gesichter?				
Vergessen Sie die Richtung, verlieren Sie die Orientierung?				
Vergessen Sie, was Sie sich vorgenommen haben?				
Vergessen Sie, was Sie gerade gesagt haben?				
Vergessen Sie, was Sie gerade getan haben, z. B. die Kaffeemaschine ausgeschaltet?				

Checkliste: Gedächtnis-Tücken

Geht es anderen ähnlich wie Ihnen?

Jetzt können Sie Ihre Selbsteinschätzung mit den Ergebnissen einer Umfrage vergleichen, die von amerikanischen Wissenschaftlern durchgeführt wurde. Die Befragten gaben an, welche Gedächtnis-Schwächen sie von sich kennen (Mehrfachnennungen waren möglich). Heraus kam eine »Hit-Liste« des Vergessens:

1. 83 % vergessen Namen
2. 60 % vergessen, wo sie Dinge hingelegt haben
3. 57 % vergessen gerade gelesene oder gehörte Telefonnummern
4. 53 % vergessen Wörter und Begriffe

5.–6. 49 % wissen nicht mehr, daß sie jemandem etwas schon erzählt haben; vergessen, was ihnen jemand erzählt hat

7. 42 % vergessen Gesichter

8.–10. 41 % vergessen die Richtung, verlieren die Orientierung; vergessen, was sie sich vorgenommen haben; vergessen, was sie gesagt haben

11. 38 % vergessen, was sie gerade getan haben

Mit Gedächtnis-Training übers Mittelmaß hinaus

Wie Sie sehen, war der Test auf der linken Seite schon nach dem Rang in der »Hit-Liste« angelegt. Wenn Sie also von oben nach unten immer besser werden, liegen Sie in etwa im Schnitt der Bevölkerung. Doch wer will schon Durchschnitt sein? Sie können etwas dagegen tun – trainieren Sie Ihr Gedächtnis.

Achtung: Bevor Sie den Gedächtnis-Test auf den nächsten Seiten bestreiten, geben Sie bitte noch eine Selbsteinschätzung ab, die Sie später mit Ihrem persönlichen Testergebnis auf Seite 37 vergleichen können:

Wie gut schätzen Sie – auf der folgenden Skala – Ihr Gedächtnis ein?

schlecht	mäßig	gut	sehr gut
______	______	______	______

Ihr persönlicher Gedächtnis-Test

Die Trainings-Aufgaben

Nicht schummeln!

Bei den folgenden Aufgaben können Sie Punkte sammeln. Danach zählen Sie bitte die Ergebnisse der einzelnen Übungen zusammen und vergleichen diese mit der Bewertungsskala auf Seite 37. Sollte Ihr Ergebnis nicht zufriedenstellend sein, können Sie es mit den Trainings-Aufgaben in diesem Buch leicht verbessern. Schummeln ist also unnötig! Sie benötigen Papier, einen Bleistift und eine Uhr mit Sekundenzeiger. Für jede Aufgabe gibt es einen bestimmten Zeitrahmen, insgesamt brauchen Sie höchstens eine Stunde Zeit.

1. Testen Sie Ihr Zahlengedächtnis

Die Reihenfolge muß stimmen

Nehmen Sie sich zwei Minuten Zeit, um sich die Zahlenreihe einzuprägen. Versuchen Sie anschließend, die Ziffern aus dem Gedächtnis in der richtigen Reihenfolge niederzuschreiben. Bitte berücksichtigen Sie, daß ab der ersten falschen Zahl in der Reihe alle nachfolgenden (richtigen) Zahlen nicht mehr zählen. Für jede richtige Ziffer geben Sie sich fünf Punkte.

- Merken Sie sich diese Zahlenreihe:
  8 9 4 2 8 5 0 8 1 6 8 5 4 3 0 6 7 2 1 7

- Decken Sie die Zahlenreihe nun zu und schreiben Sie sie aus dem Gedächtnis auf.

____

Höchste Punktzahl: 100 Ihre Punkte: __________

2. Testen Sie Ihr Gedächtnis für Begriffe

Achten Sie wieder auf die Reihenfolge!

Um sich die Begriffe in ihrer richtigen Reihenfolge einzuprägen, haben Sie zwei Minuten Zeit. Ein falscher oder fehlender Begriff entwertet auch hier die Punkte richtiger nachfolgender Wörter. Für jeden richtigen Begriff erhalten Sie fünf Punkte.

▶ Merken Sie sich die Begriffe und ihre Reihenfolge:

Ei Stuhl Ananas Nashorn Anzug Radio
Hose Wasserhahn Parfüm Hängematte Regal
Koffer Tasse Zahnpasta Glas Schreibtisch
Zeitschrift Fenster Badehose Diskette

▶ Decken Sie die Begriffe jetzt zu und schreiben Sie sie auf ein Blatt in der richtigen Reihenfolge aus dem Gedächtnis.

Höchste Punktzahl: 100 Ihre Punkte: ___________

3. Testen Sie Ihr Gedächtnis für Erledigungen

Ohne die richtige Numerierung keine Punkte!

In den nächsten Tagen haben Sie viel vor. Versuchen Sie nun, alle Lebensmittel, die Sie kaufen müssen, sowie die Termine und wichtigen Erledigungen der nächsten zwei Tage im Kopf zu behalten. Für jeden richtigen Begriff samt richtiger Zahl gibt es fünf Punkte.

▶ Prägen Sie sich die Liste mit der richtigen Numerierung drei Minuten lang ein:

1. Milch	6. Paprika	11. Friseur	16. Bank
2. Äpfel	7. Reis	12. Theater	17. Buchladen
3. Kartoffeln	8. Käse	13. Werkstatt	18. Kopierkarten
4. Fisch	9. Pfeffer	14. Tankstelle	19. Geschenk
5. Fenchel	10. Feigen	15. Fotograf	20. Schwimmbad

▶ Schreiben Sie die Posten samt Nummern auf ein Blatt.

Höchste Punktzahl: 100 Ihre Punkte: _______________

4. Testen Sie Ihr Gedächtnis für Personen

Wie sieht es mit Ihrem Namensgedächtnis aus?

Nehmen Sie sich zwei Minuten Zeit und merken Sie sich die Gesichter mit den dazugehörigen Namen. Für jeden richtigen Vor- und jeden richtigen Nachnamen erhalten Sie fünf Punkte.

▶ Prägen Sie sich jetzt die Gesichter mit den Namen ein:

Sylvia Seitz

Frank Gerdts

Anja Busch

Fabian Zaum

Finni Glas

Otto Hobe

Gerda Huber

Hans Zieger

Maria Scheidt

▶ Decken Sie die Porträts zu, warten Sie eine Minute, und dann schreiben Sie bitte die Namen auf.

Höchste Punktzahl: 90 Ihre Punkte: ______

5. Können Sie sich Gedichte merken?

Sie haben vier Minuten Zeit, um sich dieses zehnzeilige Gedicht zu merken. Für jede richtige Zeile gibt es zehn Punkte.

- Prägen Sie sich das Gedicht genau ein:

Also lautet ein Beschluß:

Daß der Mensch was lernen muß.

Nicht allein das ABC

Bringt den Menschen in die Höh;

Nicht allein im Schreiben, Lesen

Übt sich ein vernünftig Wesen;

Nicht allein in Rechnungsachen

Soll der Mensch sich Mühe machen;

Sondern auch der Weisheit Lehren

Muß man mit Vergnügen hören.

(Wilhelm Busch)

- Decken Sie nun das Gedicht ab und schreiben Sie es aus dem Gedächtnis auf ein Blatt.

Höchste Punktzahl: 100 Ihre Punkte: ___________

6. Gehen Sie Verbindungen ein

Namen sind nur »Schall und Rauch«, wenn Sie nicht mit Fakten, Eigenschaften, Orten und vielem mehr verbunden sind. Sie haben drei Minuten Zeit für diese Aufgabe. Für jede richtige Person samt dazugehöriger Information erhalten Sie zehn Punkte.

Nur mit der richtigen Info gibt es Punkte!

- Prägen Sie sich die Namen und Daten ein:

Jürgen Duller – 1360	Dieter Schlegel – Flug LH 102
Susanne Zwick – 36 Jahre	Daniela Kehrmüller – Krefeld
Hans Kofler – Konstanz	Alexander Frick – Tel.: 8593

- Decken Sie die Informationen jetzt ab und schreiben Sie auf ein Blatt die richtigen Namen und Ihre Daten.

Höchste Punktzahl: 60 Ihre Punkte: ___________

7. Merken Sie sich die Stationen Ihrer Reise

Wo geht es lang? Wenn man die Strecke nicht im Kopf hat, kann man sich schnell verfahren.

Es ist bequemer, sich die Route im Kopf zurechtzulegen, als Karten zu lesen. Sie haben zwei Minuten Zeit, sich die Reiseroute zu merken. Eine falsche Station macht alle nachfolgenden ungültig. Für jede richtige Station in der richtigen Reihenfolge geben Sie sich fünf Punkte.

▶ Prägen Sie sich die Route in dieser Reihenfolge ein:

Unterföhring – Augsburg – Donauwörth – Heidenheim – Ulm – Sindelfingen – Pforzheim – Bretten – Heidelberg – Weiterstadt – Friedberg – Weimar – Marburg – Meschede – Soest – Paderborn – Göttingen – Münden – Eisenach – Sonneberg

▶ Verdecken Sie nun die Vorlage und schreiben Sie die Stationen aus dem Gedächtnis auf ein Blatt.

Höchste Punktzahl: 100 Ihre Punkte: ___________

8. Termine, nichts als Termine!

Ein ganzer Tag voller Termine, da vergißt man nur zu leicht eine wichtige Verabredung. Sie haben für diese Aufgabe zwei Minuten Zeit. Jede Station mit der richtigen Zeitangabe ergibt zehn Punkte.

Wieder müssen *beide* Infos stimmen

▶ Merken Sie sich nun die Stationen mit der jeweils dazugehörigen Uhrzeit:

08.00 Zeitschrift besorgen	13.15 Treffen mit Herrn Kolb
09.00 Kindergarten	14.00 Steuerberater
10.00 Zahnarzt	15.30 Reisebüro
11.30 Finanzamt	16.00 Post
12.00 Sprachkurs	17.00 Solarium

▶ Decken Sie bitte den Terminplan zu und schreiben Sie ihn auf.

_____ _______________ _____ _______________

_____ _______________ _____ _______________

_____ _______________ _____ _______________

_____ _______________ _____ _______________

_____ _______________ _____ _______________

Höchste Punktzahl: 100 Ihre Punkte: ___________

9. Wie sieht es mit Ihrer Orientierung aus?

Immer auf dem laufenden bleiben!

Sie sind Taxifahrer und sollen einen Fahrgast von seiner Wohnung zum Restaurant in der Strehlener Straße bringen. Um sich gleich fortzubilden, merken Sie sich alle Querstraßen, die Ihren Weg durch die Hauptstraße kreuzen. Sie haben dafür drei Minuten Zeit. Für jeden richtigen Namen in der korrekten Reihenfolge erhalten Sie zehn Punkte.

- Sehen Sie sich den Kartenausschnitt genau an und prägen Sie sich die Namen ein:

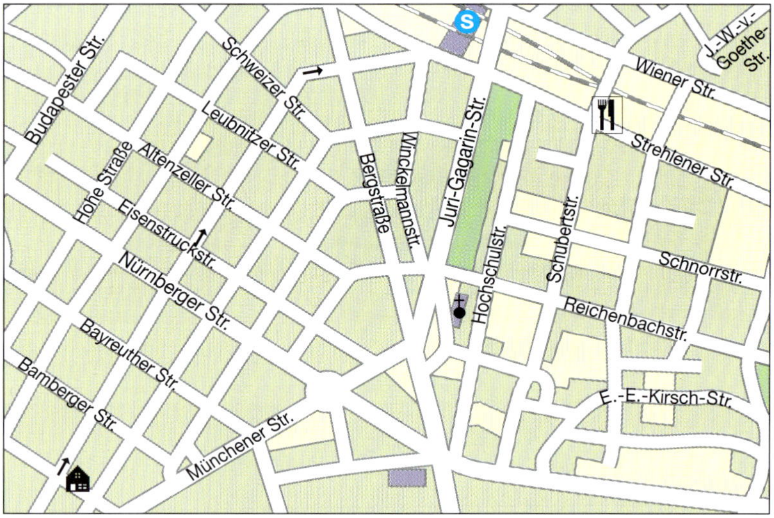

- Decken Sie den Stadtplan jetzt zu und schreiben Sie alle zehn Querstraßen auf, die Ihren Fahrtweg kreuzen.

________ ________ ________ ________

________ ________ ________ ________

________ ________

Höchste Punktzahl: 100 Ihre Punkte: ________

10. Vor dem Urlaub Koffer packen!

Stellen Sie sich auch immer die Frage, ob Sie alles dabeihaben? Dann müßten Sie bei dieser Aufgabe schon Übung haben. Sie haben eine Minute lang Zeit. Für jeden richtigen Gegenstand, den Sie sich merken konnten, bekommen Sie fünf Punkte.

▶ Prägen Sie sich die Reiseutensilien genau ein:

Wenn Sie Ihre Reisekasse nicht gleich überstrapazieren wollen, vergessen Sie besser nichts beim Packen.

▶ Decken Sie das Bild jetzt ab und versuchen Sie, sich an möglichst alle Reiseutensilien zu erinnern.

______	______	______	______	______
______	______	______	______	______
______	______	______	______	______
______	______	______	______	______

Höchste Punktzahl: 100 Ihre Punkte: ______

Die besten Tips für ein perfektes Gedächtnis

Übersichtlich, einfach und sofort anwendbar – unter diesen Vorgaben haben wir auf den folgenden Seiten die erfolgreichsten Tips und Tricks für ein besseres Gedächtnis für Sie zusammengestellt. Nach einem kurzen Kapitel über die Grundtechniken der Gedächtnis-Kunst folgen Ratschläge, wie Sie innere und äußere Faktoren so beeinflussen können, daß Ihr Gedächtnis optimal arbeitet. Dann erhalten Sie Tips, wie Sie typische Probleme im täglichen Leben lösen: Wie behalte ich leicht Namen, Zahlen und Begriffe, wie merke ich mir eine Rede oder einen Witz – und vieles mehr. Dazwischen finden Sie Übungen, bei denen Sie die neu gelernten Tricks gleich anwenden können.

Mnemonik: Einfach göttlich!

Der Zungenbrecher »Mnemonik« bedeutet »Gedächtnis-Kunst«. Der Name leitet sich von der griechischen Göttin Mnemosyne (der Mutter der sieben Musen) ab und bezeichnet die Gesamtheit aller Memorier-Techniken, allesamt einfache, aber äußerst wirkungsvolle Methoden, mit denen sich Tausende von Informationen einprägen und leicht wieder abrufen lassen. Sie eignen sich hervorragend für zusammenhanglose Einzeldaten.

Einzeldaten leichter merken

Das Grundprinzip lautet, wenn wir uns an Dinge erinnern wollen, müssen wir sie in unserer Phantasie mit einem unveränderbar festen Objekt verknüpfen, wir müssen »assoziieren«.

Grundprinzip der Gedächtnis-Kunst ist Assoziieren

Ein Beispiel aus den Fremdsprachen: Die deutsche Zahl »Drei« läßt sich leicht ins Englische »three« übersetzen. Beide Sprachen sind verwandt miteinander, überhaupt klingen viele Wörter ähnlich. Dann erkennen wir schnell ihren Sinn und merken sie uns leicht. Anders, wenn wir uns das ungarische Wort für »drei« behalten sollen: »harom«. Das Wort ergibt erst mal keinen Sinn, es fehlt ein Zusammenhang zu unserem deutschen »drei«. Hier können Sie sich aber vorstellen, daß »in einem Harem mehrere Frauen leben, zum Beispiel drei« – und schon haben Sie mit einer Verknüpfung, einer Assoziation, gearbeitet.

Phantasie, der Schlüssel zum Gedächtnis

Mit Hilfe der Phantasie läßt sich gut assoziieren

Es gibt viele Wege, Ihre Assoziations-Fähigkeit zu steigern, denn Menschen speichern nicht nur unbewußt rund 10 000 Bilder – Gesichter, Gemälde, Landschaften – im Gedächtnis, so daß sie sie lediglich wiedererkennen. Wir können zudem im Kopf bekannte Bilder zusammensetzen, Szenen und Geschichten erfinden und diese mit dem »inneren Auge« sehen: Wir haben die Fähigkeit zur Imagination, die Gabe, uns etwas vorzustellen. Für die meisten Menschen ist die bildhafte Vorstellung der beste Weg zur erfolgreichen Assoziation. Dabei gilt: Je lebhafter, bunter, bewegter Sie die Bilder in Ihrer Phantasie gestalten, um so leichter fällt Ihnen das Erinnern. Sie haben dafür mehrere Möglichkeiten zur Auswahl:

Lassen Sie Ihre Phantasie spielen, und machen Sie aus den großen Ohren Ihres Gegenübers in Gedanken Riesenohren, um sich an ihn zu erinnern.

- Steigern Sie Bilder ins Groteske und Absurde. Versehen Sie im Geist Ihre innere Türklinke mit einem Schlüsselbart. Damit werden Sie immer daran erinnert, nicht Ihren Hausschlüssel zu vergessen. Wenn Sie nicht versäumen wollen, beim nächsten Treffen Ihrer Nachbarin zum Geburtstag zu gratulieren, setzen Sie ihr in Gedanken eine Geburtstagstorte auf den Kopf.

- Übertreiben Sie. Verändern Sie Dinge, die Sie nicht vergessen wollen, in ihrem Maßstab: Wenn Sie die reparierte Uhr abholen möchten, stellen Sie sich einfach vor, wie Sie die überdimensionale Uhr auf dem Gepäckträger Ihres Autos transportieren.

- Tauschen Sie die Rollen. Verändern Sie in Ihrer Phantasie die Aufgabe oder Funktion von Dingen und Erledigungen. Die skurrilen Szenen dienen als Erinnerungsstütze. Wenn Sie für Ihren Hund noch Futter besorgen müssen, stellen Sie sich vor, wie der Hund Sie füttert.

- Verwenden Sie Farben in Ihrer Vorstellung. Wir alle kennen die einfache Farbensymbolik, die uns abstrakte Begriffe illustriert: Grün ist die Hoffnung, rot die Liebe ...

- Bringen Sie Schwung in Ihre Bilder. An bewegliche Objekte können wir uns meistens besser erinnern als an unbewegliche. Wenn wir inmitten von hundert Windmühlen stehen, wird uns diejenige

Mnemonik: Einfach göttlich

Windmühle am besten in Erinnerung bleiben, deren Flügel sich gerade drehen.

▶ Verbinden Sie möglichst viele Sinneskanäle miteinander: Müssen Sie unbedingt noch Zitronen kaufen, stellen Sie sich vor, wie diese riechen, wie sie schmecken, das zischende Geräusch, das Ihnen entfährt, wenn Sie hineinbeißen, und Ihren äußerst »säuerlichen« Gesichtsausdruck dabei.

In mehreren Dimensionen denken hilft: Die Würfel oben würden Sie ohne die dritte Dimension nicht als solche erkennen.

▶ Bringen Sie System und Ordnung in die Informationen. Bilden Sie Kategorien und gliedern Sie, zum Beipiel: Das ist dieselbe Farbe wie die von meinem Sommerkleid, oder: Italien und Ungarn haben die gleichen Farben in der Flagge, nur anders angeordnet.
Sie haben Ihr Geschirr auch nicht wahllos in den Küchenschränken verteilt. Damit sie immer griffbereit sind, stehen alle Tassen zusammen, alle Teller, alle Schüsseln und alle Töpfe usw.

▶ Denken Sie in mehreren Dimensionen. Ein Bild, das Sie sich räumlich vorstellen, behalten Sie besser im Gedächtnis. Wenn Sie sich eine Waschmaschine vorstellen, dann denken Sie auch an den Zu- und Abfluß auf der Rückseite, an die mit Wäsche gefüllte Trommel und das Dosierfach für das Waschmittel.

▶ Setzen Sie Humor und Komik ein. Dinge, die uns zum Lachen bringen, können wir uns sehr gut behalten. Scheuen Sie sich nicht, dabei albern zu werden und sich Situationen auszudenken, über die andere vielleicht nicht lachen können. Denn Gedächtnis-Stützen, zu denen Sie einen engen persönlichen Bezug haben, nützen Ihnen am meisten – und schließlich kennen nur Sie allein ihre »inneren Bilder«.

Bewährte Assoziations-Systeme

Hier stellen wir Ihnen drei verschiedene Assoziations-Systeme vor, mit denen Sie sich mit etwas Übung eine große Zahl von Einzelinformationen schnell in der richtigen Reihenfolge merken können.

Tip: Ketten-Geschichten knüpfen

Grundlage aller Assoziations-Systeme ist das kettenartige Verknüpfen von Einzelinformationen. Erfinden Sie dazu eine einprägsame Geschichte. Angenommen, Sie wollen sich folgende Einkaufsliste merken: Zahnpasta, Turnschuhe, Briefpapier, Blumen, Milch.

Einzelne Begriffe zur Geschichte verbinden

▶ Stellen Sie sich diese Gegenstände bildlich vor und verbinden Sie sie der Reihe nach zu einer Geschichte, auch wenn diese etwas verrückt klingt:
Sie drücken zuerst die Zahnpasta in die Turnschuhe (ein beliebter Kinderstreich) und stopfen diese dann mit Briefpapier aus (Papier trocknet die nassen Schuhe wieder). Einen Teil des Briefpapiers nehmen Sie aber zum Einwickeln der Blumen – die einer ganz besonderen Art angehören: Man darf sie nämlich nicht mit Wasser, sondern nur mit Milch gießen.

▶ Schließen Sie nun bitte die Augen. Haben Sie diese Liste jetzt im Kopf?

Tip: Das Haken-System – für die richtige Reihenfolge

Schwierige und lange Wörterlisten merken

Wenn es darum geht, sich schwierige und längere Wörterlisten in der richtigen Reihenfolge zu merken, dann sollten Sie sich besser mit dem Haken-System vertraut machen. Dazu müssen Sie sich zuerst Ihr eigenes System von Haken zurechtlegen, sozusagen Ihre »geistige Garderobe«, an der Sie dann Ihre zu merkenden Begriffe aufhängen. Dies erfordert etwas Übung:

Mnemonik: Einfach göttlich

Erst reimen ...

▶ Beziehen Sie die Zahlen der Reihenfolge Eins bis Zehn auf konkrete Begriffe, die sich jeweils auf die Ziffer reimen. Bauen Sie Ihr eigenes Reimmuster oder benützen Sie dieses:

Eins ist Mainz	Sechs ist eine Hex'
Zwei ist Hai	Sieben sind Rüben
Drei ist Brei	Acht ist Nacht
Vier ist Bier	Neun ist die Scheun'
Fünf sind Strümpf'	Zehn sind Feen

▶ Prägen Sie sich dieses Muster gut ein. Jetzt können Sie die Liste mit den Begriffen an den Haken festmachen:

... dann assoziieren

▶ Assoziieren Sie Mainz mit dem ersten Begriff, den Hai mit dem zweiten, den Brei mit dem dritten und so weiter.
Wollen Sie sich jetzt zum Beispiel die richtige Reihenfolge merken, in der die Zutaten für ein Backrezept gemischt werden müssen, dann könnte Ihre Assoziation lauten:

Das Mehl kommt aus Mainz (= eins), der Hai (= zwei) schwimmt im Wasser, den Zucker in den Brei (= drei), Bier (= vier) und Milch sind beides Getränke. Die richtige Reihenfolge der Zutaten lautet also: Erst Mehl, dann Wasser, dann Zucker und dann die Milch.

▶ Sollte Ihre Liste mehr als zehn Begriffe umfassen, dann setzen Sie am besten eine Farbe vor Ihre Garderobe. Beispielsweise Rot für die Zehner, Blau für die Zwanziger, Grün für die Dreißiger usw. Dann bedeutet »rotes Mainz« die Nummer 11, ein »roter Hai« die 12, »blaue Strümpf'« 25 und »grüne Nacht« 38.

Tip: Die Loci-Methode – hier kennen Sie sich aus

Begriffe mit markanten Punkten verbinden

Eine der ältesten Mnemo-Techniken ist die Loci-Methode oder Ortsassoziation. Dinge, die Sie auf keinen Fall vergessen wollen, plazieren Sie an markanten Punkten, die Ihnen vertraut sind. Auf diese Weise können Sie sich die wichtigsten Punkte eines Textes, den Sie gelesen haben, einer Rede, die Sie halten sollen, oder die Themen eines bevorstehenden Verkaufsgespräches merken.

Der Eßtisch samt Zubehör als Gedächtnis-Stütze

Stellen Sie sich zum Beispiel Ihren Eßtisch vor: Verankern Sie jeweils einen Punkt Ihrer Liste oder Ihres Themas an einem markanten Punkt: am Tisch, an den vier Stühlen, am Tischtuch, am Salz- und Pfefferstreuer, an der Vase, an der Obstschale. Gehen Sie dann weiter zur näheren Umgebung des Tisches: am Bild, an der Bodenvase, an der Kommode (diese hat drei Schubladen) und so weiter. Sie werden erstaunt sein, wie viele Einzelpunkte Sie sich mit diesem einfachen System merken können, die Sie an jedem beliebigen Ort und Zeitpunkt rekapitulieren können.

Auffällige Punkte gibt es überall

Benutzen Sie nicht nur Ihre Wohnung, sondern auch andere Plätze, an denen Sie viele Einzelheiten kennen: Ihren Arbeitsplatz, Gebäudezeilen, Straßen, markante Punkte von Wegstrecken oder Ihren Körper (Arme, Beine, Augen, Nase usw.).

Diese drei grundlegenden Assoziations-Systeme – Ketten-Geschichten, Haken-System und Loci-Methode – können Sie schon für viele verschiedene Zwecke einsetzen. Auf den nächsten Seiten erfahren Sie noch weitere Techniken und Tips, mit denen Sie leichter und effizienter durch die Tücken des täglichen Lebens kommen.

Schon die Senatoren im alten Rom benutzten die Loci-Methode. Jede Säule im Kapitol stand für ein wichtiges Stichwort ihrer oft stundenlangen Reden.

Innere und äußere Faktoren verbessern

Konzentration: Die Eintrittskarte zum Gedächtnis

Eine typische Situation: Sie kochen ein leckeres Gericht. Doch das Salzfaß ist leer. Im Vorratsschrank gibt es noch ein Päckchen. Sie gehen dorthin, machen den Schrank auf, und ... Moment, was wollten Sie hier eigentlich? Für eine kurze Zeit ist der Grund Ihrer Tätigkeit wie weggeblasen. Und jetzt? Ach ja, das Salz. Warum passiert das so häufig? Die Antwort ist einfach: Sie wurden lediglich abgelenkt, etwa durch einen anderen Gedanken – zum Beispiel durch die Frage nach dem passenden Wein zum Essen – oder durch eine Störung von außen: Das Telefon klingelte, auf der Straße quietschte ein Auto. Wir können zwar viele Eindrücke auf einmal aufnehmen; doch häufig sind es zu viele, so daß wir uns einer Aufgabe nicht mehr konzentriert genug widmen können.

Zu viele Eindrücke lenken ab

Tip: Mit offenen Augen durch die Welt – Sie können Ihre Konzentration trainieren

- Lenken Sie Ihre Aufmerksamkeit und Ihre Gedanken auf einen engumgrenzten Sachverhalt, ähnlich einem Lichtstrahl, der gebündelt auf einen Punkt zeigt. Nur diejenigen Eindrücke dürfen eine Chance haben, in Ihr Gedächtnis zu gelangen, auf die Sie sich konzentrieren.

Sich immer auf das Wesentliche konzentrieren

- Hören Sie genau auf den Namen eines neuen Gesprächspartners, wenn dieser sich vorstellt (siehe Seite 54 und 55). Wenn Sie Ihr Auto parken, schauen Sie sich immer genau um, suchen Sie nach Landmarken und merken sich diese bewußt.

Übung: Auf der Kippe

Manchmal gibt es verschiedene Betrachtungsweisen einer Situation. Der richtige Blickwinkel und die Konzentration auf das Wesentliche sind dann entscheidend. Hier die berühmten Kippfiguren.

▶ Konzentrieren Sie sich auf die Abbildungen. Was sehen Sie? Ergeben sich unterschiedliche Motive? (Lösung siehe Seite 100)

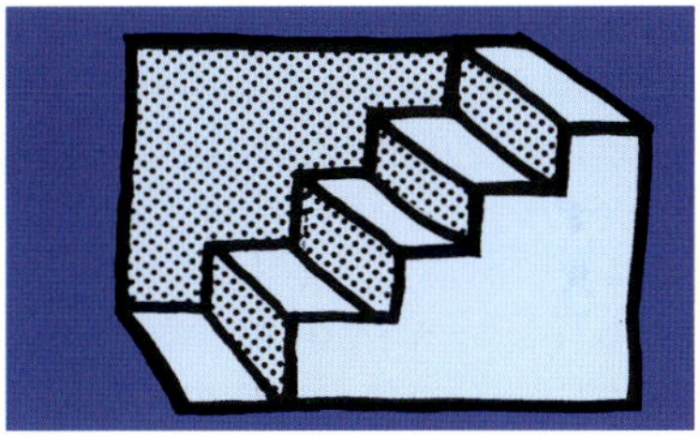

Sie sollten jeweils zwei Motive erkennen.

Übung: Schärfen Sie alle Sinne

▶ Schauen Sie aus dem Fenster, konzentrieren Sie sich auf einen beliebigen Gegenstand (Haus, Baum, Auto). Versuchen Sie, ihn in allen Einzelheiten zu erfassen. Blenden Sie störende Einflüsse aus. Schließen Sie die Augen und versuchen Sie, sich an die Einzelheiten zu erinnern.

▶ Setzen Sie sich gemütlich hin, legen Sie Musik auf. Konzentrieren Sie sich auf die Melodie, auf den Rhythmus oder auf ein einzelnes Instrument. Wann setzt es ein, wann macht es eine Pause?

▶ Essen Sie einmal konzentriert: Welche Geschmackskomponente macht das Gericht so köstlich, welche stößt Sie ab?

Übung: Für zu Hause und unterwegs

Konzentrieren Sie sich!

▶ Nehmen Sie einen Artikel aus der Zeitung, streichen Sie zügig bestimmte Buchstaben an, etwa alle »s«, die Sie finden. Haben Sie einige übersehen? Kein Problem, das ist normal. Aber wiederholen Sie die Übung, bis die Trefferrate besser wird.

Schnelligkeit: Immer flüssig bleiben

Ab dreißig erfassen wir nicht mehr so schnell

Vielleicht haben Sie schon eine Verlangsamung Ihrer Denkprozesse und damit auch Ihrer Handlungen festgestellt. Manchmal müssen Sie Texte zwei- oder dreimal lesen, bei einem längeren Gespräch verlieren Sie schon mal den Faden. Dann kann es sein, daß Ihre flüssige Intelligenz nachläßt, ein Vorgang, der im Durchschnitt ab dem dreißigsten Lebensjahr einsetzt.

- Die *flüssige Intelligenz* bezeichnet die Geschwindigkeit, mit der wir erfassen und lernen.
- Die *kristallisierte Intelligenz* wird ihr gegenübergestellt. Sie faßt alle geistigen Fähigkeiten zusammen, die aus der Erfahrung entspringen. Also aus dem, was wir im Laufe eines Lebens gelernt haben.

In fortgeschrittenem Alter, wenn sich die Geschwindigkeit der Informationsverarbeitung verlangsamt, kann die kristallisierte Intelligenz diese Schwäche teilweise auffangen. Viele kreative Geister waren und sind auf diese Weise bis ins hohe Alter agil: Verdi komponierte noch mit 80, Picasso malte, bis er über 90 war, und Ernst Jünger schreibt noch mit 100.

Zur Vorbeugung die Geschwindigkeit trainieren

Wenn Sie aber nicht nur auf die kristallisierte Intelligenz bauen wollen, sollten Sie Ihre Geschwindigkeit trainieren. Sie beugen damit geistigem Altersabbau vor – ähnlich, wie Sie Ihren Körper mit regelmäßigem Sport fit halten können.

Übung: Papier ist geduldig – seien Sie es auch!

Auf der Seite 47 haben wir die Konzentrationsübung kennengelernt, bei der Sie in einer Zeitung Buchstaben anstreichen sollten. Hier zwei Varianten, wie Sie mit dieser Methode die Schnelligkeit trainieren können. Voraussetzung ist, daß Sie auf Zeit trainieren und Ehrgeiz zeigen, die Buchstaben das nächste Mal schneller zu finden:

Zeigen Sie Ehrgeiz!

▶ Versuchen Sie – wieder in einer alten Zeitung – alle Stellen zu finden, wo immer das gleiche Buchstabenpaar nebeneinander auftaucht, zum Beispiel »e« und »n«. Oder alle Wörter, in denen zwei gleiche Buchstaben vorkommen, etwa Kamm, Mumie, Mnemonik.

Entspannung oder Streß: Sie haben die Wahl

Streß und seine Folgen

Drei von vier Bundesbürgern klagen über Hektik: »Mein Tag müßte mehr als 36 Stunden haben«, dient als Standardspruch – und oft als Statussymbol: »Ach, bin ich wichtig!« Die gesundheitlichen Folgen sind verheerend: Magengeschwür, Hörsturz, Herzrhythmusstörungen – und Konzentrations- und Gedächtnis-Störungen (siehe Seite 9 und 22).

Tip gegen Streß

Entspannung muß sein

Auch wenn Sie den Spruch schon tausendmal gehört haben: Sie müssen lernen, im richtigen Moment abzuschalten und loszulassen. Stellen Sie sich vor, Ihre Leistungskraft – auch Ihre Aufnahmefähigkeit – verhält sich wie ein Gummiband. Sie können es um das Vielfache ausdehnen; bis zum Anschlag, wenn es darauf ankommt. Doch wenn Sie immer bis zum Letzten angespannt sind, läßt schon geringer Zug das Band zerreißen. Lassen Sie also immer wieder nach – dann haben Sie noch etwas Reserve.

Wichtig: Keine Hektik

Trainieren unter Zeitdruck bringt gar nichts

Gedächtnis-Training ist nur halb soviel wert, wenn Sie gerade »auf hundertachtzig« sind. In der Hektik lassen sich die Übungen nicht machen. Denken Sie nie: »Heute habe ich nur fünf Minuten Zeit, mache die Übungen dafür etwas schneller.« Davon haben Sie nichts. Ganz im Gegenteil: Es empfiehlt sich, vor dem Gedächtnis-Training etwas zu entspannen. Zum Beispiel, indem Sie die Augen schließen, an etwas Schönes denken und beim Ein- und Ausatmen jeweils bis fünf zählen. Nach wenigen Minuten schon werden Sie sich ruhiger fühlen. Es gibt natürlich auch viele andere Entspannungstechniken, die als Ergänzung zum Gedächtnis-Training sinnvoll sind, wie Autogenes Training, Meditation, Muskelentspannung nach Jacobson, Kinesiologie, Yoga (siehe »Bücher, die weiterhelfen«, Seite 101).

Lerntyp: Wie lernen Sie am besten?

Richtiges Lernen ist die Voraussetzung dafür, daß sich Informationen im Gedächtnis verfestigen. Wann und wie Sie neuen Stoff am besten aufnehmen, hängt von vielen Faktoren ab: von Ihrer Bereitschaft, Ihrer Konzentrationsfähigkeit, Ihrer Verfassung. Wichtig ist aber auch, in welcher Form Ihnen das neue Material präsentiert wird. Denn je nach Veranlagung und Erfahrung bevorzugen Sie unterschiedliche Sinnesorgane. Auch Sie sind einem der drei Lerntypen zuzuordnen:

Die Lerntypen

- Der visuelle Lerntyp lernt vorwiegend durch Sehen und Beobachten.
- Beim auditiven Lerntyp steht das Zuhören im Vordergrund.
- Der motorische Lerntyp lernt durch eigenes Tun.

Test: Gehen Sie in sich

Was tut sich spontan bei Ihnen?

Lesen Sie die Begriffe in der Liste und kreuzen Sie ohne zu überlegen die Spalte an, welche für Sie in Frage kommt: Erscheint bei Ihnen zuerst ein Bild, hören Sie Geräusche, oder taucht eher ein Gefühl auf?

	Ich sehe	Ich höre	Ich spüre		Ich sehe	Ich höre	Ich spüre
spielende Kinder				Katze			
Holzhacken				Strand			
Neujahr				Tauben			
Sport				Seide			
Pferd				Schmirgelpapier			
Theater				Telefon			
Meer				Ferien			
Flugzeug				Wasser			
Wolken				früher Morgen			
Schule				Türe			

Lerntyp: Wie lernen Sie am besten?

In welcher Spalte zählen Sie die meisten Kreuzchen? – Zu diesem Lerntyp tendieren Sie.

Kein Lerntyp kommt in Reinform vor

Allerdings kommen die unterschiedlichen Lerntypen nie in Reinform vor. Der Test sollte nur eine Hilfestellung zur ehrlichen Selbsteinschätzung sein. Beobachten Sie deshalb auch in Ihrem Alltag, welche Sinneskanäle Sie bevorzugen, und stellen Sie sich immer wieder Fragen: Helfen Ihnen Grafiken, einen Text besser zu verstehen? Lassen Sie sich gerne vorlesen? Lesen Sie erst die Betriebsanleitung, oder probieren Sie das neue Gerät gleich aus? Wenn Sie sich über Ihre Stärken bewußt geworden sind, können Sie diese auch für das Gedächtnis-Training nutzen.

Tips: Wie gehe ich mit meinem Lerntyp um?

Der visuelle Typ:

Phantasie und Bilder

▶ Stellen Sie sich Informationen bildlich vor und malen Sie sie phantasievoll aus. Wenn Sie zum Einkaufen gehen, sehen Sie die Produkte im Geist vor sich. Gehen Sie genauso mit Adressen, Namen und Zahlen vor.

Der auditive Typ:

Sprechen und Hören

▶ Verstärken Sie Informationen mit Sprache und Klängen. Benutzen Sie Reime und ähnlich klingende Wörter. Besonders geeignet sind Werbesprüche (»Warum denn gleich in die Luft geh'n – Herr Tehn«). Lesen Sie sich den Lernstoff laut vor.

Der motorische Typ:

Bewegung und Rhythmus

▶ Benutzen Sie Körperbewegungen und Rhythmus. Prägen Sie sich eine Telefonnummer über die Fingerbewegung auf der Wähltastatur ein. Oder laufen Sie in Ihrem Zimmer auf und ab, wenn Sie sich einen Artikel, eine Rede oder sonstige Informationen einprägen wollen. Für Sie gilt: »Learning by doing«. – Stören Sie sich nicht daran, wenn andere Menschen Sie auf Ihre »ungewöhnlichen« Verhaltensweisen ansprechen.

Wichtig!

■ Grundregeln für alle: Arbeiten Sie ganz bewußt mit Ihrem Lerntyp! Vernachlässigen Sie aber auf keinen Fall die nicht so stark ausgeprägten Sinneskanäle. Ist Lernstoff nicht auf Ihren Typ zugeschnitten, bereiten Sie ihn selbst auf.

Brain-Gym: Gymnastik ohne Muskelkater

Mit Brain-Gym können Sie durch eine Reihe einfacher Bewegungsübungen Ihre Denk- und Lernblockaden auflösen. Die Methode wurde von Paul Dennison entwickelt und ist das Herzstück der Edu-Kinestetik; es handelt sich dabei um die Lehre von der Bewegung des menschlichen Körpers (siehe »Bücher, die weiterhelfen« Seite 101). Gezielt eingesetzte Bewegungen und Berührungen sollen brachliegende Potentiale und Fähigkeiten aktivieren und verfügbar machen. Brain-Gym-Übungen sind besonders auf die geistigen Fähigkeiten zugeschnitten. Wir haben aus einer Vielzahl von Möglichkeiten vier Übungen für Sie ausgewählt.

Vier spezielle Übungen zur Brain-Gym

Übung: Überkreuzbewegung als Aufwärmübung für das Gehirn

Mit der Überkreuzbewegung, dem »cross crawl«, können Sie Ihre beiden unterschiedlichen Gehirnhälften aktivieren (siehe auch Seite 73). Außerdem fördern Sie damit die Koordination Ihrer Bewegungsabläufe.

Mit der Überkreuzbewegung lassen sich beide Gehirnhälften aktivieren.

▶ Gehen Sie auf der Stelle, übertreiben Sie die Bewegungen ein wenig: Wenn Ihr rechtes Knie nach oben kommt, dann berühren Sie es mit dem linken Arm kurz. Wenn Ihr Knie wieder nach unten geht, sollte Ihr linker Arm nach oben, bis über den Kopf, schwingen.

▶ Machen Sie diese Bewegung ein paar Male abwechselnd rechts und links.

Übung: Positive Punkte gegen Blockaden

Durchblutung fördern

Mit dieser Übung fördern Sie die Durchblutung des Stirnbereichs. Damit können Sie Gedächtnis-Blockaden wie das »Es-liegt-mir-auf-der-Zunge«-Phänomen (siehe Seite 71) abbauen und das Langzeitgedächtnis stärken.

▶ Berühren Sie mit den Fingerspitzen beider Hände zwei Punkte über den Augen. Die Punkte liegen zwischen dem Haaransatz und den Augenbrauen. Massieren Sie nun sanft kreisend diese Stellen. Sie können die Übung selber durchführen. Entspannender ist es aber, wenn ein anderer Sie massiert.

Übung: Simultanzeichnen bringt Orientierung

Orientierung verbessern

Mit dieser Zeichenübung können Sie den Richtungs- und Orientierungssinn sowie Ihr Raumbewußtsein und visuelles Unterscheidungsvermögen ausbilden.

▶ Zeichnen Sie mit großen Armbewegungen auf einer echten oder nur eingebildeten Tafel beliebige Formen und Figuren (Kreise, Sterne, Bäume, Schlangenlinien). Benutzen Sie dabei beide Hände gleichzeitig, und achten Sie darauf, daß Sie rechts und links immer das gleiche Motiv zeichnen – nur spiegelbildlich.

Mit Nackenrollen lösen Sie Verspannungen im Nacken und bringen Ihr müdes Gehirn in Schwung.

Übung: Nackenrollen gegen geistige Müdigkeit

Mit dem Nackenrollen können Sie Ihr Gehirn bei geistiger Müdigkeit wieder anregen.

▶ Lassen Sie den Kopf nach vorne hängen, bewegen Sie ihn halbkreisförmig hin und her, ohne vollständige Drehbewegungen. Nehmen Sie verhärtete Punkte im Nackenbereich wahr, halten Sie den Kopf an dieser Stelle an und atmen tief ein und aus, bis der Nacken entspannt ist.

Ein Trick für jede Situation im Alltag

»Wie war Ihr Name noch mal?«

Das ist Ihnen mit Sicherheit auch schon passiert: Da stellt sich Ihnen jemand höflich vor – und schon im nächsten Moment ist der Name wie aus dem Gedächtnis radiert. Peinlich, peinlich! Und unhöflich. Besonders unangenehm wird es, wenn es sich um einen Vorgesetzten oder Geschäftspartner handelt oder um einen Menschen, der einem auf Anhieb sympathisch ist.

Tip: Die einfachste Lösung ...

Namen besser merken

▶ ... ist reine Übungsssache: Konzentrieren Sie sich bewußt auf die Namen der Menschen, mit denen Sie zu tun haben. Hören Sie genau hin.

Tip: Wie bitte?

Oft passiert es, daß der Gesprächspartner seinen Namen undeutlich nennt, so daß wir gar keine Chance haben, ihn richtig zu behalten.

▶ Stellen Sie dann unbefangen die Frage: »Darf ich Sie bitten, Ihren Namen zu wiederholen?« Bei zu langen oder ungewöhnlichen Namen können Sie Ihr Gegenüber auch bitten, seinen Namen zu buchstabieren.
Wer einen komplizierten Namen trägt oder ihn häufig undeutlich ausspricht, wird auch Nachfragen gewohnt sein.

Tip: Freundliches Wiederholen

▶ Gewöhnen Sie sich an, Ihren Partner immer wieder mit dem Namen anzusprechen – insbesondere am Anfang des Gespräches. Die meisten Leute schätzen dies. Durch die Wiederholungen festigen Sie die neue Information im Gedächtnis.

Durch Wiederholen den Namen behalten

Tip: Die Prominenz

Verbinden Sie die neuen Namen mit Ihnen bereits bekannten Personen. Die Namen Beckenbauer, Schiffer oder Böll werden Ihnen bestimmt auffallen – auch wenn Ihr Gesprächspartner weder Fußballkaiser noch Fotomodell, noch bedeutender Autor ist.

Tip: Herr Bach redet wie ein Fluß!

»Verbildern« Sie Namen. Es gibt vier Möglichkeiten:

- Konkrete Namen, zum Beispiel Bach, Jäger, Müller, Kamm. Unter diesen Namen kann sich jeder etwas vorstellen. Die Verbindungen gelingen hier besonders leicht.
- Zusammengesetzte Namen wie Baumgarten, Waldvogel: Natürlich steht hier ein »Baum im Garten«, pfeift im »Wald ein Vogel«. Assoziieren Sie die beiden Begriffe miteinander.
- Veränderte Namen, etwa Bold, Schrunk, Hind: Diese Namen lassen sich einprägen, indem Sie Buchstaben, Silben oder Wortteile verändern, weglassen oder hinzufügen. Hier hat der Trunkenbold im Schrank einen Hund.
- Namen ohne offensichtliche Bedeutung wie Basarsky, Bodin oder gar Krdzalic: Hier hilft die Phantasie – stellen Sie sich vor, wie Herr Basarsky auf einem Basar seine Skier verkauft, oder Frau Bodin in einem Boot zu einer Insel rudert. Und was macht Herr Krdzalic?

Bei den abstrakten Namen hilft Phantasie

Tip: Reim dich, oder ich vergess' dich

Bilden Sie aus dafür geeigneten Namen Reime: Herr Müller ist der Knüller, Frau Wange ist eine Zange, und Herr Huber sitzt im Zuber.

Übung: Jetzt sind Sie an der Reihe

Lesen Sie jeweils einen Namen der folgenden Liste kurz laut vor, merken Sie sich ihn mit einem der obigen Tips. Dann wiederholen Sie die Namen der Reihe nach aus dem Gedächtnis:

Probieren Sie die Tricks gleich aus!

Kalowski, Zorn, Geyer, Hild, Zadusek, Schmidt, Söldner, Grzimek, Hildmann, Schwarz

Kein Gesicht ist wie das andere

Samstag vormittag im Supermarkt: Ein Mensch spricht Sie freundlich mit Namen an und fragt nach dem werten Befinden. Doch bei Ihnen herrscht tiefe Dunkelheit: Sie können sich absolut nicht mehr an den vermeintlichen Bekannten erinnern, geschweige denn seinen Namen sagen. – Irgendwie kommt er Ihnen aber doch bekannt vor!

Mehr als 1000 Gesichter merken

Unser Gedächtnis für Bilder kann, ganz ohne Übung, die Eckdaten von etwa 1000 Gesichtern speichern. Doch was sind schon 1000 Gesichter? Zählen Sie mal durch, wie viele merkenswerte Leute es für Sie persönlich gibt – im privaten Kreis, im Arbeitsbereich, oder denken Sie an Prominente ... Da braucht man Tricks, wie man sich mehr Gesichter merken kann.

Tip: Die besonderen Kennzeichen

Besonderheiten einprägen

▶ Prägen Sie sich die Gesichtszüge Ihres Gesprächspartners genau ein. Analysieren Sie dabei die einzelnen Komponenten, so wie bereits Leonardo da Vinci seinen Schülern empfahl, Gesichter in ihre Bestandteile zu zerlegen. Denn jedes Gesicht hat seine ganz besonderen Kennzeichen: Stupsnase, Hakennase, langes Haar, Stoppelhaare, Narben, zusammengewachsene Augenbrauen ...und dieser charmante Augenaufschlag!

Tip: Tellergroße Riesenaugen

▶ Übertreiben Sie die hervorstechenden Merkmale in Ihrer Vorstellung, überzeichnen Sie die Details. Erstellen Sie eine Karikatur des Gesichtes, die Ihnen durch ihre Komik in Erinnerung bleibt (siehe auch Seite 41).

Tip: Jedes Gesicht hat einen Namen

▶ Bringen Sie Merkmale im Gesicht mit dem Namen der Person in Verbindung. Diese Assoziations-Möglichkeit verbessert gleichzeitig das Namensgedächtnis: Frau Kirsch hat einen kirschroten Mund, Herr Hahn einen »puterroten« Kopf.

Tip: Pinocchio und seine Freunde

▶ Fassen Sie Ihre Wahrnehmung im Geist in Worte. Diese »verbale Beobachtung« hilft Ihnen, das Gesicht Ihres Gegenübers exakt zu studieren.

- Machen Sie aus einer Person mit einem ausgeprägten Kinn in Anlehnung an die bekannte Märchenfigur Pinocchio doch einen »Kinnocchio«.
- Beziehen Sie das allgemeine Erscheinungsbild der Person mit ein: dürr, schlank, vollschlank, größer als ich oder kleiner.
- Registrieren Sie Gefühle und Emotionen: Wirkt der Mensch eher freundlich, zufrieden oder verdrießlich? Ist er mir eher unsympathisch, ist er herzlich, oder macht er mich ganz nervös?

Gefühle einbeziehen

Übung: Suchen Sie nach Merkmalen

▶ Suchen Sie in jedem der nebenstehenden Porträts mindestens fünf Merkmale, die Ihnen helfen könnten, sich auch später noch an das Gesicht zu erinnern. Und nicht vergessen: ganz genau beobachten, karikieren, verbalisieren, abstrahieren, Emotionen registrieren ...

Schluß mit der Zahlenschlacht!

Zahlen besser merken

Stehen Sie auch auf Kriegsfuß mit Zahlen? – Eine Nummer für die Scheckkarte, eine für das Konto, die Paßnummer – und dann die vielen Telefonnummern! Überwinden Sie mit den folgenden Tricks systematisch die Widerspenstigkeit der Ziffern.

Tip: Der Rhythmus, mit dem man mitmuß

Bei dieser Merkhilfe werden mehrstellige Zahlen in kleinere, »leicht verdauliche«, rhythmische Einheiten zerlegt.

Zahlen in kleine Einheiten zerlegen

▶ Speichern Sie diese als Kette von Teilmengen. Die Ziffernfolge 583594 prägen Sie sich besser in drei Zweiergruppen ein, also 58 35 94 (sprich: Achtundfünfzig-Fünfundreißig-Vierundneunzig). Diese Technik, die viele Menschen ganz automatisch anwenden, heißt »Chunking«. Sie vergrößern damit die Kapazität des Kurzzeitgedächtnisses (siehe Seite 17f.)

Tip: Rechnen Sie gern?

▶ Dann nehmen Sie die Regeln der Mathematik zur Hilfe. Achten Sie auf Merkwürdigkeiten wie

- auf- oder absteigende Zahlenreihen: 45 678 oder 98 765
- gespiegelte Zahlen: 258 852
- versteckte Rechenaufgaben: 842 757: 84 – 27 = 57;

47 28 256: 4 x 7 = 28 x 2 = 56

Tip: Der Schuh in dieser Größe paßt

Neues mit Altem verbinden

▶ Verbinden Sie die Zahlen mit den von Ihnen bereits gespeicherten Informationen, bilden Sie Parallelen zu Bekanntem. Die Ziffer 61384117 könnten Sie sich dann etwa so einprägen:

61 = das Alter Ihrer Mutter, 38 = Ihre Konfektionsgröße, 41 = Ihre Schuhgröße, 17 = Ihre Hausnummer.

Denken Sie über weitere bekannte Zahlen nach – etwa aus Hobby oder Beruf. Als Fußballfan können Sie sich 112451215 mit folgender Geschichte merken:

11 Fußballer spielen 2mal 45 Minuten mit 1 Ball, bei einem Unentschieden gibt es 2mal 15 Minuten Verlängerung.

Tip: Zahlensymbole

Das gute Gedächtnis für Bilder nutzen

▶ Machen Sie auch bei den Zahlen Gebrauch von der guten Merkfähigkeit unseres Gehirns für Bilder und Geschichten: Wandeln Sie Zahlen in Bilder um, oder sieht etwa die 0 nicht aus wie ein Ei? Hier ein Vorschlag:

0 = Ei	5 = Hand
1 = Kerze	6 = Elefantenrüssel
2 = Schwan	7 = Wimpel
3 = Dreizack	8 = Sanduhr
4 = Kleeblatt	9 = Schlange

Die Geheimnummer 5420 können Sie sich dann so einprägen: Stellen Sie sich vor, wie Sie mit Ihrer Hand ein Kleeblatt pflücken, es dem Schwan zum Fressen geben, der anschließend ein Ei legt.

■ Auch hier gilt wieder: Je ausgefallener eine Geschichte ist, die Sie in Ihrer Phantasie ausmalen, desto leichter behalten Sie sie auch im Gedächtnis. Am besten denken Sie sich Ihren eigenen Bilder-Code aus – den lernen Sie am schnellsten.

Die Zahlen von 0 bis 9 lassen sich gut in Bilder umwandeln. So merken Sie sich Nummern leichter.

Tip: ERKO-Code

Das Zahlenalphabet

Wenn Ihnen die bisherigen Tips nicht ausreichen, dann nutzen Sie eine Zahlensprache, den sogenannten ERKO-Code. Dabei werden die Zahlen in Konsonanten (Mitlaute) übersetzt. Mit passenden Assoziationen läßt sich dieses Zahlenalphabet schnell einprägen. In Klammern stehen Ersatzkonsonanten (= ERKO), die Sie alternativ zum Hauptkonsonanten benutzen können. Auf der folgenden Seite finden Sie einen Code-Vorschlag. Lesen Sie ihn genau durch und denken Sie mit. Es gibt, wie Sie gleich sehen werden, zwei Möglichkeiten, mit diesem Code zu arbeiten:

Ein Trick für jede Situation im Alltag

▶ Bilden Sie Wörter, indem Sie den Konsonanten noch Vokale (Selbstlaute) hinzufügen. Diese Wörter merken Sie sich dann sicher leichter als die »rohen« Zahlen. In der Zahl 174 versteckt sich dann der Tiger (t = 1, g = 7, r = 4),
in 969214 der Buchbinder.

▶ Bilden Sie ganze Sätze mit den Konsonanten als Anfangsbuchstaben der Wörter:
1879 – Der Frühling kommt bald.
2446 – Nie rennt Rita schnell.

Die ERKO-Zahlencode-Tabelle:

Die Zuordnung der Buchstaben ist leicht nachzuvollziehen

1	=	t (d)	sowohl die 1 als auch t bestehen aus einem senkrechten Strich
2	=	n	das n besteht aus 2 senkrechten Strichen
3	=	m	das m besteht aus 3 senkrechten Strichen
4	=	r	das r ist der letzte Buchstabe des Wortes 4
5	=	l	das L ist das römische Zeichen für 50
6	=	ch (sch)	das ch stammt aus der se**ch**s
7	=	g (k)	die 7 ist eine **G**lückszahl
8	=	v (f)	V-8-Motoren sind bekannt
9	=	b (p)	das b spiegelt sich in in der 9
0	=	z (s)	im Englischen heißt die 0 **Z**ero

■ Dieses Zahlencode-System erscheint am Anfang sehr kompliziert. Doch wenn Sie die Übersetzungen der Zahlen in Bilder oder Buchstaben regelmäßig trainieren, werden Sie gut damit zurechtkommen. Der Grund: Unser Zahlengedächtnis hat eine bedeutend geringere Kapazität als das Gedächtnis für Buchstaben, Wörter oder Begriffe. Am besten ausgebildet ist jedoch in der Regel unser Gedächtnis für Bilder.

Das Training lohnt auf lange Sicht

Ein ganzer Zoo mit Kürzeln

Kürzel besser merken

Autokennzeichen, Flugnummern, chemische Formeln oder Kennnummern, die sich aus Buchstaben und Zahlen zusammensetzen – immer wieder gibt es merkenswerte Kürzel und Buchstabengruppen. In diesen Fällen hilft eine lebendige Assoziations-Technik:

Tip: Das Tieralphabet

▶ Benutzen Sie die tierische Hilfe, um sich diese abstrakten und trockenen Kombinationen einzuprägen. In der folgenden Tabelle sehen Sie eine Version mit gängigen Tieren:

A = Affe	J = Jaguar	S = Stier
B = Bär	K = Kuh	T = Tiger
C = Chamäleon	L = Laus	U = Uhu
D = Dachs	M = Maus	V = Vogel
E = Esel	N = Nilpferd	W = Wolf
F = Fuchs	O = Otter	X = Echse
G = Gans	P = Pferd	Y = Hyäne
H = Huhn	Q = Qualle	Z = Zebra
I = Igel	R = Reh	

▶ Für die Umlaute Ä, Ö, Ü zeichnen Sie im Gedanken dem Affen, dem Otter und dem Uhu zwei große Punkte auf den Körper.

Tieralphabet und Zahlensymbole zur Geschichte verbinden

▶ Mit einer Kombination aus Tieralphabet und Zahlensymbolen von Seite 59 können Sie sich das Kfz-Kennzeichen M – OB 54 mit einer Geschichte merken:
Eine Maus wird vom Otter gefressen. Dieser fällt dem Bären zum Opfer. Der hat einen wahren Glückstag: denn anschließend pflückt er mit seiner Pranke (Hand = 5) ein Kleeblatt (= 4).

Übung: Probieren Sie es aus

S – FH 82	LH – 5364	DER-386
K – RE 246	MYK – BC 435	Art.Nr.: ER6 4UU 368

Keinen Termin mehr verpassen

Termine besser merken

Pünktlichkeit ist bekanntlich eine Tugend. Wie peinlich erst, wenn wir den Wartenden schließlich ganz vergessen. Einige Menschen vergessen unglaublich viele Termine. Dies liegt sicher nicht nur an ihrem schlechten Gedächtnis, sondern auch an der Wertung. Denn brisante Termine wie Vorstellungsgespräche vergessen auch sie nicht so einfach. Oder gehören Sie zum »Manager-Typ« – zu den Leuten, die vor lauter Terminen nicht mehr wissen, wo sie in drei Stunden sein werden? Wenn Sie niemanden verärgern oder nicht permanent in Schwierigkeiten geraten wollen, führen Sie besser einen Terminkalender – oder trainieren Sie Ihr Gedächtnis.

Tip: Benutzen Sie die Zahlensymbole

Zahlen in Bilder umsetzen

▶ Erinnern Sie sich an die Zahlenbilder von Seite 59. Wenden Sie die Zahlen auf die vollen Stunden an. Wenn Sie also um 9 Uhr einen Termin beim Zahnarzt haben, dann wickeln Sie die Schlange (Symbol für Neun) um den Kopf des Zahnarztes. Wenn Sie um ein Uhr Mittags eine Verabredung zum Essen haben, dann stellen Sie sich vor, wie Sie im Schein einer Kerze (Symbol für Eins) essen.

▶ Für die vollen Stunden 10, 11 und 12 müssen Sie sich weitere Zahlensymbole einfallen lassen. Hier ein Vorschlag:

- 10 Uhr – Golfschläger: Mit der Eins schlagen sie den Ball, die Null.
- 11 Uhr – Spaghetti: Assoziieren Sie die zwei senkrechten Striche der Elf mit den beliebten italienischen Nudeln.
- 12 Uhr – Uhr: Die Uhr ist in zwölf Teile aufgeteilt.

▶ Wenn Sie nun um 11 Uhr einen Termin bei Ihrem Chef haben, stellen Sie sich vor, wie Sie mit ihm Spaghetti um eine Gabel wickeln. Wenn es sich eher um ein unangenehmes Thema handelt, können Sie die Spaghetti auch zu einer Schlinge knoten – was Sie mit dieser in Ihrer Vorstellung machen, ist dann allein Ihre Sache. Wenn Termine um »halb«, »Viertel« oder »Viertel vor« liegen, dann bauen Sie in Ihre Assoziation noch eine Torte mit ein. Je nach Bedarf ein Viertel, ein halbes oder ein Dreiviertel Stück.

Tip: Der Terminkalender im Kopf

Wenn Sie alle Termine einer Woche im Kopf behalten wollen, können Sie sich einen kompletten Kalender im Gedächtnis zurechtlegen. Dafür müssen Sie auf einen schon bekannten Gedächtnis-Trick schrittweise aufbauen:

ERKO-Code und Wochentage

▶ Erinnern Sie sich an die ERKO-Zahlencode-Tabelle von Seite 60. Ordnen Sie nun jeder Zahl und ihrem Mitlaut einen Wochentag zu:

Montag	=	1	=	t/d
Dienstag	=	2	=	n
Mittwoch	=	3	=	m
Donnerstag	=	4	=	r
Freitag	=	5	=	l
Samstag	=	6	=	ch/sch
Sonntag	=	7	=	g/k

Für jede Stunde ein Schlüsselwort

▶ Jetzt suchen Sie sich für jede volle Stunde ein Schlüsselwort. Für Montag müssen alle Wörter aber mit den entsprechenden Konsonanten beginnen, also alle Stundenwörter für Montag mit t oder d, alle für Dienstag mit n usw. Für Montag gehen Sie so vor:

1 Uhr	=	Dattel	7 Uhr	=	Teig
2 Uhr	=	Tanne	8 Uhr	=	Taufe
3 Uhr	=	Damm	9 Uhr	=	Taube
4 Uhr	=	Tor	10 Uhr	=	Dose
5 Uhr	=	Tal	11 Uhr	=	Tüte
6 Uhr	=	Tasche	12 Uhr	=	Daten

Zahlen und Bilder verbinden

▶ Jetzt können Sie assoziieren: Haben Sie am Montag um 2 Uhr einen Termin mit Herrn Weiß, stellen Sie sich einfach eine weiße Tanne vor. Sind Sie um 4 Uhr mit Herrn Huber verabredet, stellen Sie sich vor, wie er im Zuber vor dem Tor sitzt. Sie brauchen nur das jeweilige Schlüsselwort so mit dem Termin und der Person zu verbinden, wie es Ihnen sinnvoll erscheint.

■ Auf den ersten Blick erscheint diese Vorgehensweise sehr kompliziert. Doch es funktioniert. Nehmen Sie sich Zeit und entwickeln Sie für jeden Wochentag und seine Stunden ein eigenes Zahlenbilder-System. Sie brauchen nur etwas Geduld.

Texte besser merken

Lesen Sie vor dem Einschlafen? Dann haben Sie sicher auch schon seitenlang Sätze gelesen, ohne sie zu erfassen: Sie folgen zwar den Zeilen, sehen die Wörter, registrieren aber ihren Sinn und Zusammenhang nicht mehr. Zurückblättern und noch mal lesen ist dann angesagt. Na ja, wenn es zum Einschlafen hilft. Unangenehm wird es aber, wenn wichtige Texte – etwa Lernstoff – schwer zu lesen und daher schlecht zu behalten sind.

Wenn Sie aktiv lesen, schreckt auch der höchste Bücherberg nicht ab.

Tip: Drei Prinzipien beim Lesen eines Textes

Um Texte besser zu erfassen, sollten Sie drei Gedächtnis-Techniken miteinander kombinieren: die *Wiederholung*, die *Reduktion auf das Wesentliche* und die *Assoziation*.

▶ Lesen Sie den Text zweimal: Erst überfliegen Sie ihn, damit Sie wissen, um was es ungefähr geht. Lesen Sie dann gründlicher:

- Picken Sie die Hauptgedanken heraus. Unterscheiden Sie Wichtiges von Unwesentlichem.
- Formulieren Sie diese zentralen Aussagen so kurz wie möglich. Suchen Sie die Variante mit den wenigsten Wörtern.
- Stellen Sie sich diese Begriffe bildlich vor und verbinden Sie sie miteinander, und zwar in der Reihenfolge, wie sie im Text vorkommen. Sie können fast alles, was Sie lesen, miteinander assoziieren.
- Lesen Sie aktiv. Kennzeichnen Sie wichtige Stellen mit farbigen Leuchtstiften oder mit einem Ausrufezeichen und unklare Passagen mit einem Fragezeichen.

▶ Fangen Sie gleich mit dieser Seite an zu üben!

■ Diese Art zu lesen dauert zwar länger, letztlich lesen Sie aber konzentrierter und sparen Zeit, da Sie den Text nicht ständig zu wiederholen brauchen. Und Sie trainieren Ihr Assoziations-Vermögen.

Richtig zuhören will gelernt sein

»Sind Sie nicht auch meiner Meinung?« Diese unerwartet gestellte Frage kann den Adrenalinspiegel mächtig steigen lassen. Ausgerechnet jetzt haben Sie den letzten Satz nicht richtig mitbekommen, oder waren es sogar mehrere Sätze? Die Versuchung, bei einer Rede, einer Besprechung oder einem Gespräch seine Gedanken abschweifen zu lassen, ist sehr groß. Denn in der Regel denken wir viel schneller, als der Vortragende sprechen kann. Dabei entsteht eine Lücke, in die sich leicht andere Gedanken drängen. Wenn der andere sehr lang spricht und Sie müde sind, haben Sie schon verloren. Mit einigen Tricks können Sie allerdings Ihre Aufmerksamkeit wiederbeleben.

Besser zuhören lernen

Tip: Immer dran denken: nicht nur konsumieren

▶ Hören Sie aktiv zu und denken Sie mit:

- Benutzen Sie auch bei Gehörtem die Assoziations-Kunst, um einzelne Informationen miteinander zu verbinden.
- Nehmen Sie das Gehörte nicht einfach hin, sondern stellen Sie sich ständig Fragen zum Gesprächsinhalt.
- Werten Sie: Mit welchen Inhalten stimmen Sie überein? Wo sind Sie gegenteiliger Ansicht?
- Fragen Sie sich, worauf der Vortragende oder Gesprächspartner überhaupt hinaus will: Verfolgt er einen bestimmten Zweck, den er nicht offen ausspricht?
- Versuchen Sie, zwischen den Zeilen zu hören, auch Dinge zu erfassen, die nicht ausdrücklich gesagt werden.
- Fassen Sie immer wieder – zum Beispiel, wenn kurze Pausen entstehen – die wesentlichen Grundgedanken noch einmal zusammen.

■ Letztendlich kommt es darauf an, daß Sie »aktiv zuhören« und nicht nur geduldig konsumieren. Wenn Sie die Regeln befolgen, werden Sie ganz von alleine aufmerksam. Und: Der Redner wird angenehm überrascht sein, wenn er feststellt, daß er so einen aufmerksamen Zuhörer hat. Es gibt nur einen Fall, bei dem Sie mit diesen Tips auch nicht weiterkommen: wenn ein Vortragender endlose und langweilige Monologe über Belanglosigkeiten hält.

Beim Zuhören immer mitdenken

Immer einen Witz parat

»Lieber einen Freund verlieren als einen guten Witz.« Sicher wollen Sie nicht so weit gehen wie der römische Rhetoriker Quintilian (um 35 n. Chr.). Aber es ist bestimmt nicht von Nachteil, mit einem guten Witz zum rechten Augenblick zur Stimmung beizutragen oder in einem Gespräch durch Schlagfertigkeit zu glänzen. Kennen Sie auch diese »Partylöwen«, die stundenlang eine Gruppe von Leuten mit Witzen unterhalten können? Der eine oder andere Kalauer ist so genial, daß Sie ihn sich gerne merken wollen – aber nach wenigen Minuten können Sie sich nicht mehr an die Pointe erinnern. Oder die Pointe ist noch da, aber Sie können sich nicht mehr an die Einzelheiten und die richtige Reihenfolge erinnern: Treffen sich jetzt ein Russe und ein Ire? Oder war der ohne Fallschirm ein Engländer? Wie können Sie diese Konfusion verhindern?

Ein Witz im rechten Moment kann die Stimmung heben

Tip: Am Anfang nur die richtig guten

Schlüsselbegriffe einprägen

▶ Versuchen Sie sich zunächst auf wenige Witze zu beschränken. Diese prägen Sie sich dafür gut ein. Wählen Sie überlegt einige Schlüsselwörter so aus, daß sie zusammen ein Gerüst der Erzählung bilden. Zum Beispiel:

Zwei Freundinnen unterhalten sich. Sagt die eine: »Stell dir vor, Hilde, die Post sucht einen Briefträger.« »Ach du meine Güte«, ruft die andere entsetzt, »da muß ich schnell nach Hause. Ich habe ganz vergessen, den Kleiderschrank wieder aufzuschließen.«

▶ Alles, was Sie brauchen, um sich den Witz zu merken, sind die Schlüsselwörter »Freundinnen«, »Briefträger« und »Kleiderschrank«. Stellen Sie sich anhand dieser Schlüsselwörter die Personen und die Handlung so real wie möglich vor – üben Sie in Gedanken für sich.

■ Im Laufe der Zeit sammelt sich eine ganze Reihe solcher Schlüsselbegriffe in Ihrer geistigen Witzesammlung an. Spätestens dann, wenn in einer geselligen Runde einer der Begriffe auftaucht, sind Sie an der Reihe ...

Freie Reden und Vorträge halten

Keine Angst vor freiem Reden

Viele Menschen werden bereits bei dem Gedanken panisch, einen Vortrag oder eine Rede halten zu müssen. Besonders quält die Angst, plötzlich stumm und hilflos vor dem Publikum zu stehen. Mit der richtigen Vorbereitung gewinnen Sie Sicherheit, mehr noch: Mit Hilfe der Gedächtnis-Tricks können Sie Ihre Rede sogar frei halten.

Tip: Gliedern und Assoziieren

Mit Hilfe der Gedächtnis-Tricks müssen Sie vor keiner Rede mehr Angst haben.

▶ Machen Sie sich zunächst mit dem Thema gründlich vertraut.
- Schreiben Sie alle Ihre wichtigen Ideen, Zitate und Verweise auf.
- Fertigen Sie dann eine kurze schriftliche Gliederung an. Damit geben Sie Ihren Gedanken einen klaren Rahmen.
- Anhand der Gliederung schreiben Sie sich zu jedem Punkt einige Stichworte auf Karteikärtchen.
- Notieren Sie alles in Großbuchstaben und verwenden Sie nicht mehr als zehn Kärtchen. Eine ausformulierte Vorlage empfiehlt sich beim Vortrag keinesfalls.
- Bei der Aufzählung von Einzelfakten verwenden Sie die Assoziations-Systeme von Seite 43 oder die Zahlensymbole von Seite 59.
- Erfahrung macht viel aus: Bis Sie Sicherheit haben, üben Sie die Rede vor einem imaginären Publikum oder dem Spiegel. Achten Sie auf die Zeit, damit Ihr Vortrag nicht zu lang wird.
- Ein Rezept gegen Lampenfieber und Unsicherheit: Prägen Sie sich die ersten Sätze und den Schluß besonders gut ein.

Übung: Minirede

▶ Erstellen Sie eine fünfminütige Rede mit zehn Punkten. Verbinden Sie die einzelnen Stichwörter mit Hilfe der Loci-Methode (S. 44) oder der Zahlensymbole (Seite 59). Themenvorschläge: Was mich an meinem Partner rasend macht; mein Chef, das unbekannte Wesen; meine Urlaubsreisen der letzten Jahre.

Fremdsprachen: Keine Angst vor Vokabeln

Die Welt ist heute ein »globales Dorf«. Gerade für den beruflichen Erfolg sind daher einige fremdsprachliche Grundkenntnisse durchaus vorteilhaft. Und wer im Urlaub schnell eine passende Redewendung anzubringen versteht, hat schon die Brücke zu einem anderen Kulturkreis geschlagen. Doch immer noch sind Fremdsprachen für viele ein Schreckgespenst – außerdem erfordert ihr Erlernen in jedem Fall Eifer, Mühe, Zeit und Geld. Daran kann man sich auch mit der besten Methode nicht vorbeimogeln. Doch Sie können den Aufwand mit einigen Gedächtnis-Tricks verringern.

Vokabeln besser merken

Tip: Wörter in Bilder umsetzen

Wie bei den Fremdwörtern (Seite 70) suchen Sie eine Verbindung zwischen dem neuen – den Vokabeln – und Ihrem bekannten Wissen. Ein schönes Beispiel ist das lateinische Wort »cubare«, das deutsche »liegen«.

▶ Gehen Sie ähnlich wie beim Knüpfen von Ketten-Geschichten (Seite 43) vor:

- Leiten Sie zunächst aus der Vokabel deutsche Wörter ab. In unserem Beispiel wird aus »cubare« dann eine »Kuh« und die »Bahre«.
- Stellen Sie sich Kuh und Bahre bildlich vor.
- Verbinden sie dann das Bild mit der Bedeutung. Sehen Sie, wie »die Kuh auf der Bahre liegt«?

Deutsche Wörter ableiten und verbildern

Übung: Probieren Sie es gleich selbst

Beispiele, wie Sie Verbildern können, siehe Seite 100

englisch:	exciting (sprich: iksaiting) – spannend
	to obey (sprich: obei) – gehorchen
	supper – (sprich: sapper) – Abendessen
französisch:	chose (sprich: schoos) – Sache
	malade (sprich: malaad) – krank
	tomber (sprich: tombee) – (hin)fallen

Tip: Klang und Bedeutung

Ähnliche Wörter finden

▶ Suchen Sie nach einem ähnlichen Wort in der Muttersprache. Beim englischen »lamp« ist der Gleichklang mit der deutschen »Lampe« offensichtlich. Aus dem englischen »elevate«: »erhöhen, erheben« wird der »Elefant«, denn die Wörter klingen ähnlich, und es ist ein Tier, das Dinge mit seinem Rüssel sehr hoch heben kann.

▶ Für komplexere Zusammenhänge und für die vielen Fälle, wo Aussprache und Schreibweise stark abweichen, gehen Sie – mit Hilfe eines Partners oder Cassettenrekorders – so vor:

- Hören Sie den ganzen Text an, ohne dabei auf den Text zu sehen. Versuchen Sie den Sinn zu verstehen.
- Bei wiederholtem Hören achten Sie dann auf Einzelheiten der Aussprache und auf die Bedeutung.
- Lesen Sie den Text nun gleichzeitig mit. Damit verbinden Sie die beiden Sinneskanäle Hören und Sehen miteinander.
- Sprechen Sie das Gehörte laut nach bzw. gleichzeitig mit. Damit üben Sie die Motorik. Auf diese Weise ahmen Sie die direkte Kommunikation mit einem fremdsprachigen Partner nach. – Allerdings: Einen Auslandsaufenthalt kann diese Methode nicht ersetzen.

»Superlearning« und Suggestopädie

Ganzheitliches Lernen

Die Suggestopädie ist ein ganzheitliches Lernverfahren mit dem Ziel, unsere geistigen Reserven zu aktivieren. Diese Form der Lerntechnik – bekannt unter dem Namen »Superlearning« – hat sich mittlerweile fest etabliert und findet vor allem beim Sprachenlernen eine breite Anwendung. Die Wirksamkeit von Superlearning beruht auf der Kombination folgender Faktoren:

- Entspannung: Mit bestimmten Techniken versetzen Sie sich in einen streßfreien Zustand, Ihr Gehirn ist so aufnahmefähiger.
- Musik: In erster Linie werden entspannende Barockstücke eingesetzt, um Ängste und Lernblockaden zu lösen. Gleichzeitig erhöhen sie Aufnahmebereitschaft und Konzentration.
- Positives Lernklima: Bei der Suggestopädie stehen die Lernfreude und der Spaß im Vordergrund. Daher kommen Lern-/Bewegungsspiele und auch Tänze regelmäßig zum Einsatz.

Fremdwörter: Kein »Bahnhof« mehr

»Verwenden Sie nur Fremdwörter, wenn Sie kein adäquates deutsches Wort kennen.« Dieser scherzhafte Merkspruch wird nur selten beachtet. Statt dessen gibt es einen permanenten Overflow von fremdartigen Termini, so daß man sich – gehört man nicht zum Inner Circle – leicht als Outcast fühlt. Alles klar?

Tip: Nutzen Sie Ihr bildliches Vorstellungsvermögen

Setzen Sie Wörter in Bilder um

▶ Um sich Fremdwörter zu merken, arbeiten Sie am besten mit Bildern. Gehen Sie dabei in drei Schritten vor:

- Wandeln Sie Buchstaben des Fremdwortes ab, so daß ein bekanntes Wort entsteht. Längere Fremdwörter teilen Sie auf und leiten daraus geläufige Begriffe ab.
- Stellen Sie sich Wort oder Wortgruppe lebhaft vor.
- Assoziieren Sie das Bild mit der Bedeutung des Fremdwortes.

Beispiele:

- »Lapsus«, zu deutsch: Fehler. »Lapsus« klingt ähnlich wie Lappen, den Sie sich bildlich vorstellen. Verbinden Sie die Bedeutung des Fremdworts mit dem Bild, indem Sie sich in den Lappen ein großes Loch (den Fehler) denken. Wenn Sie später das Wort »Lapsus« hören, überlegen Sie, wonach »Lapsus« klingt. Der Rest fällt Ihnen dann bestimmt von alleine ein.
- »Parasit« – deutsch: Schmarotzer, ein Lebewesen, das auf Kosten anderer lebt – können Sie in »Ara« und »sitzen« aufteilen. So sitzt der Ara also bei Ihnen auf dem Tisch und stiehlt Ihnen das Essen vom Teller.

Übung: Nudisten leiden auf einem Sampan an Flatulenz

▶ Merken Sie sich die folgenden Fremdwörter mit dem gleichen Prinzip: Nudismus – Freikörperkultur; Tendinitis – Sehnenentzündung; Minarett – schlanker Turm einer Moschee; Sampan – chinesisches Wohnboot; Flatulenz – Gasbildung in Magen oder Darm; latent – versteckt, verborgen; Pelade – Haarausfall.

Ein paar Beispiele finden Sie auf Seite 101

»Es liegt mir auf der Zunge«

Nach Anhaltspunkten suchen

»Neulich hat mir der ..., ääh, Dings gesagt, daß sein ..., na, Dings jetzt wieder funktioniert.« Wie bitte? Oft verlaufen sich gängige Begriffe oder Namen im Gedächtnis-Labyrinth: dann »liegt uns ein Begriff auf der Zunge«, will aber nicht über die Lippen. Es fehlt ein entscheidender Anhaltspunkt, etwa der erste Buchstabe oder das Anfangswort. Es gibt jedoch Mittel und Wege, mit denen Sie die Anhaltspunkte finden können.

Tip: Das ABC gezielt einsetzen

▶ Gehen Sie im Geist alle Buchstaben des ABC durch. Sie erinnern sich meistens dann, wenn Sie an den Buchstaben kommen, mit dem das Wort beginnt.

Tip: Den Speicher für Klänge absuchen

▶ Beim phonetischen (»lauten«) Suchen können Sie die Eigenschaft nutzen, daß unser Gedächtnis auch den Klang eines Wortes speichert. Versuchen Sie, das Wort durch innerliches Sprechen wiederzufinden.

Könnte man es nur von der Zunge ablesen, wenn »etwas darauf liegt« ...

Tip: Alte Geschichten

▶ Um sich zu erinnern, versetzen Sie sich in eine bestimmte Situation zurück. Gehen Sie die Einzelheiten nochmals durch: Welche Personen waren dabei? Was wurde gesprochen? Sie werden sehen, an wieviel Verloren-Geglaubtes Sie sich noch erinnern.

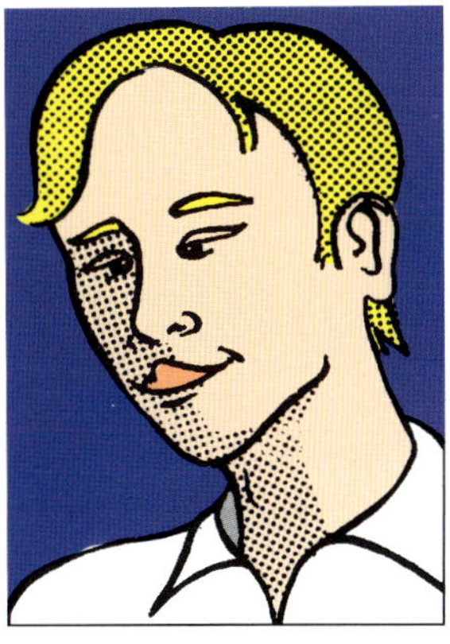

Tip: Richtig speichern

▶ Um das »Es-liegt-mir-auf-der-Zunge«-Phänomen zu vermeiden, sollten Sie wichtige Begriffe schon beim Merken kategorisieren. So sind Kühe, Schweine, Kamele und Giraffen allesamt Paarhufer; unter den Begriff Rot können gleichzeitig Feuerwehr, Sonnenuntergang, Blut und Liebe fallen.

Mind Mapping©: Fördern Sie die rechte Gehirnseite

Die meisten Menschen nutzen vorwiegend ihre logische und analytische, also ihre linke Gehirnseite. Die Funktionen der rechten Hälfte – zum Beispiel Phantasie, Übertreibung, Absurdität, Farben, Rhythmus und bildhaftes Vorgehen – werden dagegen vernachlässigt (siehe auch Kasten Seite 73).

Beide Gehirnhälften fördern

Der Engländer Tony Buzan hat mit Mind Mapping© eine Methode entwickelt, mit der Sie beide Seiten Ihres Gehirnes einsetzen, Ihre Ideen sinnvoll ordnen und die Freiheit des Assoziierens erweitern können. Es ist eine ganzheitliche Methode, mit der Sie gleichzeitig Ihre Kreativität fördern.

Tip: Die Gedächtnis-Landkarte

Alles, was zum Thema einfällt, aufschreiben oder zeichnen

▶ Nehmen Sie ein unliniertes Blatt und schreiben – oder noch besser zeichnen Sie mit Symbolen – das Thema in die Mitte, zum Beispiel »Gedächtnis«. Von diesem Zentrum zweigen Linien ab, auf denen Sie die wichtigsten Schlüsselwörter, die Ihnen zum zentralen Thema »Gedächtnis« einfallen, notieren oder ebenfalls im Bild festhalten. Von diesen Hauptästen gehen dann Seitenäste ab, mit denen Sie weitere Unterteilungen des Themas kennzeichnen.

- Beobachten Sie dabei, wie Sie die Verbindungen finden.
- Schreiben Sie nur Schlüsselwörter auf die Linien.
- Schreiben Sie nur in Druckbuchstaben.
- Gehen Sie so schnell wie möglich vor.

Mind Maps sind in vielen Situationen sinnvoll

■ Ihre ersten Mind Maps werden vielleicht etwas ungeordnet und »unfachmännisch« aussehen. Mit etwas Übung und mehr Erfahrung werden Sie die Vorteile aber bald schätzen lernen, denn die Gedächtnis-Landkarten sind vielfältig einsetzbar: Zum Beispiel für Planungen (Tages-, Reiseablauf, Lernprogramm); für Zusammenfassungen von Büchern, Artikeln, Seminaren, Lernstoff; zur Ideenfindung, alleine oder in der Gruppe; für Gliederungen, zum Beispiel der persönlichen Geldangelegenheiten; für Redemanuskripte und schließlich als Notizen für wichtige Besprechungen und Gespräche.

So könnte Ihre Mind Map zum Thema »Gedächtnis« aussehen.

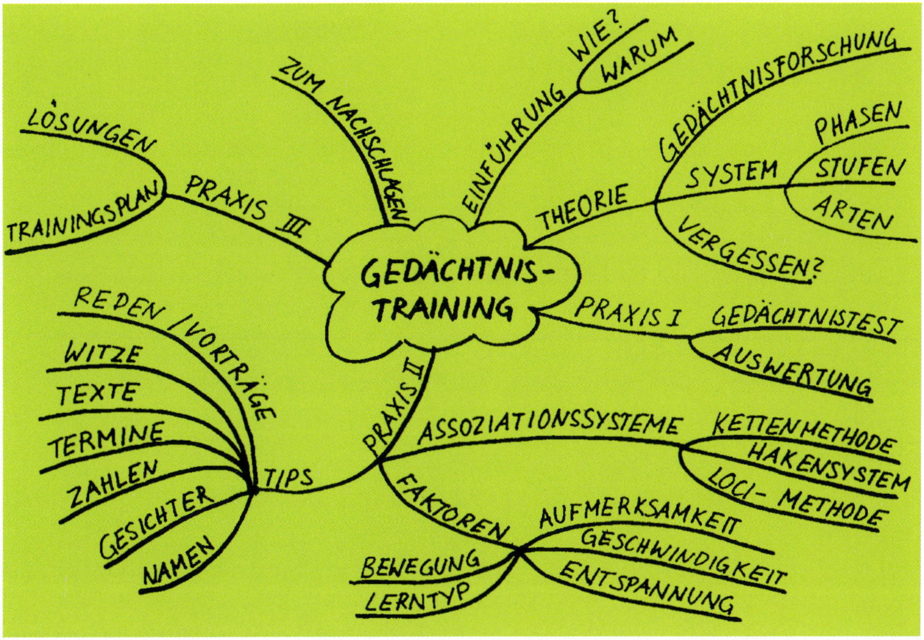

Übung: Probieren Sie es aus

▶ Erstellen Sie mit einem der folgenden Wörter eine Mind Map nach den erwähnten Regeln. Sie haben fünf Minuten Zeit, um alles aufzuschreiben (-zeichnen), was Sie mit dem Thema assoziieren.

Sonne – Wohnzimmer – Schnee

Die Gehirnhälften

Unser Gehirn ist in zwei Hälften – die Hemisphären – unterteilt. Sie sind äußerlich spiegelbildlich gleich gebaut, übernehmen aber doch unterschiedliche Funktionen. Stark vereinfacht heißt das:

- Die linke Seite ist der Ort für »sequentielles, schrittweises Denken«: Hier finden sich Fakten, Wörter und Normen, hier gehen wir logisch-mathematisch vor, planen, messen, beurteilen.
- Die rechte Seite steht für »simultanes, gleichzeitiges Denken«: Hier finden sich kreative Fähigkeiten wie Intuition und Verarbeitung von Assoziationen, Bildern, Metaphern und Poesie. Hier sind persönliche Erinnerungen gespeichert, Meinungen und »Wahrheiten«, hier findet das visuelle Denken statt.

Orientierung: Der Weg ist das Ziel

»Können Sie mir erklären, wie ich zum Bahnhof komme?« – »Gerne: Sie fahren geradeaus bis zur zweiten Ampel, dann biegen Sie links ab, kommen dann zum Hallenbad und biegen die nächste scharf rechts ab. Nach 300 Metern sehen Sie links das Museum, danach kommt eine Kreuzung, da biegen Sie rechts ab und stehen schon vor dem Eingang.« Krampfhaft versuchen Sie, diese Informationen im Gedächtnis zu behalten, nicken heftig mit dem Kopf. Nach der ersten Kreuzung haben Sie sich verfahren.

Tips für eine bessere Orientierung

Tip: Markante Punkte merken

▶ Wenn Ihnen jemand den Weg erklärt, dann fragen Sie nach möglichst vielen Erkennungspunkten. Wiederholen Sie die Auskunft, damit man Sie im Zweifelsfall korrigieren kann.

▶ Stellen Sie sich die Beschreibung wie auf einer Karte bildlich vor.

Wiederholen, bildlich vorstellen, assoziieren, verketten

▶ Egal, ob Sie den Weg mündlich erklärt bekommen oder ihn aus einem Stadtplan heraussuchen: Assoziieren Sie die Einzelinformationen miteinander.

▶ Erstellen Sie eine Bilderkette von links nach rechts. Diese Richtung ist unser Gedächtnis vom Schreiben schon gewohnt.

Beispiel: Wie kommen Sie also zum Bahnhof?
▶ Stellen Sie sich im Gedanken von links nach rechts die markanten Punkte bildlich vor. Erst die zwei Ampeln: Bei der ersten leuchtet das grüne Licht (sie wird überfahren), die zweite steht auf Rot, denn dort müssen sie abbiegen. Dann kommt das Hallenbad, dann das Museum.

▶ Zeichnen Sie zusätzlich in Gedanken alle Abbiegerichtungen als Striche auf. Merken Sie sich die Form, die sich vor Ihrem inneren Auge ergibt, wenn Sie erst links und dann zweimal rechts abbiegen müssen. Verbinden Sie dann jede Ecke mit einem der markanten Punkte – dann kommen Sie bestimmt ans Ziel.

Kurztips: Einfach, aber wirkungsvoll

Zum Abschluß werden hier in aller Kürze noch einfache Tricks und Hinweise aufgeführt, die im Alltag immer wieder von großem Nutzen sein können – und die Ihr Gedächtnis entlasten.

Wie merke ich mir spontane Ideen in der Nacht?

▶ Stecken Sie Ihre Pantoffeln ineinander, legen Sie Ihr Buch oder Ihren Wecker auf den Boden und verbinden Sie den Gegenstand mit ihrer Idee. Am nächsten Morgen stellt sich die Gedankenbrücke automatisch wieder ein – spätestens, wenn Sie über den Wecker stolpern.

Sich selber austricksen

Mit Notizzetteln arbeiten

▶ Kleben Sie einen Notizzettel an Ihren Badezimmerspiegel, an Ihren Computer oder ans Telefon. Auf jeden Fall an einen Platz, an dem Sie öfter vorbeikommen.

Notizzettel sind nützlich

Akten oder sonstige Unterlagen nicht vergessen

▶ Befestigen Sie ein Gummi- oder Klebeband, eine Sicherheitsnadel oder sonst einen geeigneten Gegenstand am Griff Ihres Aktenkoffers. Wenn Sie Ihren Koffer zur Hand nehmen, werden Sie unweigerlich an den Gegenstand erinnert.

Haben Sie die Herdplatte ausgeschaltet?

▶ Arbeiten Sie mit der Assoziations-Technik: Verbinden Sie Handlungen, die Sie nicht vergessen dürfen, mit ungewöhnlichen Bildern. Stellen Sie sich vor, daß die Türklinke rot glüht. Wenn Sie aus dem Haus gehen und die Klinke berühren, werden Sie dann sicher noch einmal bewußt überlegen: Habe ich alles ausgeschaltet?

In Bildern denken und übertreiben

Wo ist nur mein Schlüssel?

▶ Die Lösung heißt hier Ordnung und Gewohnheit. Gewöhnen Sie sich an, Ihre Siebensachen immer an derselben Stelle zu plazieren. Oder gehen Sie wie zahlreiche Hotels vor, die ihre Zimmerschlüssel mit einem überaus großen Anhänger versehen. Automatisch wird man erinnert, diesen unhandlichen Gegenstand an der Rezeption abzugeben. Überlegen Sie sich ähnliche Tricks, die Sie an die Gegenstände erinnern.

Denken Sie sich eigene Tricks aus

Der Zehn-Tage-Trainings-Plan

»Lieber mäßig, dafür aber regelmäßig«. Machen Sie diesen Satz zum Motto für Ihr Gedächtnis-Training. Nehmen Sie sich zehn Tage lang täglich zehn Minuten Zeit. Planen Sie die Übungen so fest in Ihren Tagesablauf ein wie etwa das Zähneputzen. Machen Sie das Training nicht unter Druck, sondern schaffen Sie sich eine Übungsatmosphäre aus Konzentration und Entspannung. Schon in der kurzen Zeit von zehn Tagen können Sie Ihr Gedächtnis zu erstaunlichen Leistungen bringen. Jeder Trainingstag setzt sich aus sechs Übungen zusammen. Sie brauchen nur noch Papier, einen Stift und eine Uhr mit Sekundenzeiger. Fangen Sie gleich heute an. Viel Spaß dabei!

Übungen für jeden Tag

10 x 10 Minuten reichen

Ihr Gedächtnis verbessert sich!

... zumindest für den Anfang. Denn schon nach diesen zehn Tagen mit regelmäßigem Training werden Sie feststellen, daß sich Ihr Gedächtnis spürbar verbessert hat. Jeder der zehn Trainingstage setzt sich zusammen aus:

- einer Übung für die Konzentration,
- einer Übung für das Arbeits- bzw. Kurzzeitgedächtnis,
- einer Übung für das Langzeitgedächtnis,
- einer Übung für die Kreativität,
- einer kniffligen Denkaufgabe
- und einer Scherzfrage als Entspannung am Ende.

Erster Tag

1.1 Wörtersuche

Auf einer Geburtstagsfeier geht es drunter und drüber, weil viele Überraschungsgäste gekommen sind. Ihre Namen:

MARION – HELMUT – ANJA – KAY – DEBORA – HANS – LISA – ALOIS – FINNI – SIEGFRIED

► Finden Sie in dem Durcheinander die Überraschungsgäste:

Wo sind die zehn Gäste?

KEILONOPERWSPHELMUTFGHWELLEPORPPPDLFKFEMBKIQP-
PESYÜPLKASDIOANJAÖRÜQDIWEPOYSHANSLPKAYSTOPESDE-
BORATREESXTZKLISAKFGPBLYSWSFINNIMARIONLEFFKGJEID-
LSOFJJDUFJUHEURDFUHRGDURJDJSIEGFRIEDFFRDALOISOPKJ

1.2 Nicht vergessen

Prägen Sie sich bitte die Gegenstände auf der nächsten Seite genau ein. Sie haben zwei Minuten Zeit. Anschließend schreiben Sie die Begriffe aus dem Gedächtnis auf ein Blatt.

Das Kurzzeitgedächtnis kann eigentlich nur sieben der Gegenstände behalten (S. 18) – bauen Sie durch Übung seine Kapazität aus.

1.3 Kürzel: Welche Abkürzungen kennen Sie?

Abkürzungen begegnen einem beinahe jeden Tag. Wissen Sie die Bedeutung der folgenden auswendig?

A.A. – a.a.O. – BA – c.t. – DBB

FIS – KKW – u.d.M. – VDI – IOC

1.4 Anagramme finden

Finden Sie im Wort »Gedächtnistraining« möglichst viele neue Wörter – mindestens zehn. Verändern Sie die Reihenfolge der Buchstaben beliebig, fügen Sie aber keine neuen hinzu.

____ ____ ____ ____ ____ ____ ____ ____ ____ ____

Beispiel Gardine: Ei, gar, dein, ein, rein, Ren, ran, nie, an, Rad

1.5 Die magische fünf

Hier heißt es tüfteln!

Man zieht von einer Zahl fünf ab oder dividiert sie durch fünf und erhält dabei das gleiche Resultat. Um welche Zahl handelt es sich?

1.6 Scherzfrage

Welcher Ring ist nicht rund?

Lösen Sie das Chaos auf, indem Sie jeder »Schnur« bis zum Fisch folgen.

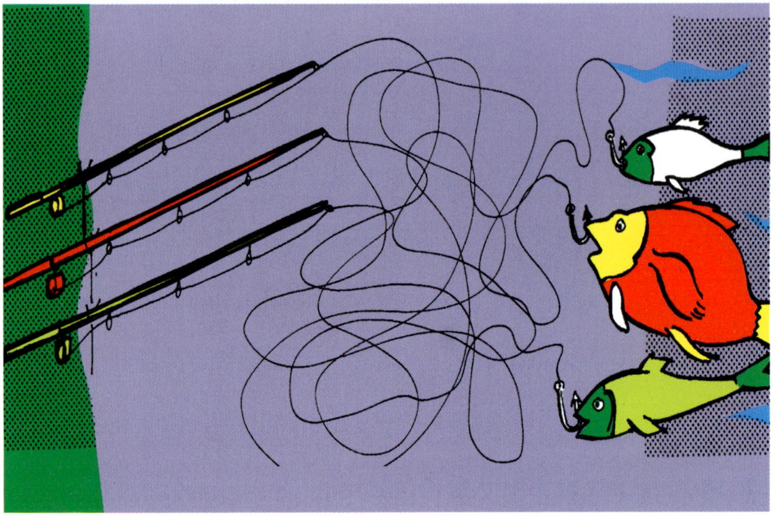

Zweiter Tag

2.1 Anglertreffen

Bei einem Angelwettbewerb herrscht Chaos. Die Angelruten oben sind völlig verheddert. Welcher Angler hat nun welchen Fisch an Land gezogen?

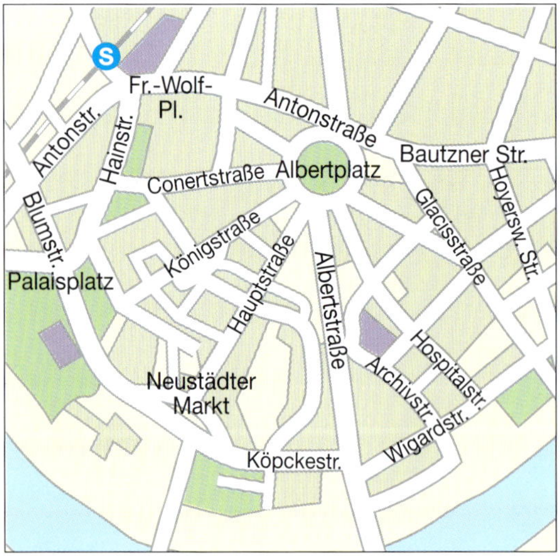

2.2 Stadtplan

Prägen Sie sich die Straßennamen auf dem Stadtplan bitte zwei Minuten lang ein. Decken Sie die Vorlage zu, nehmen Sie sich ein Blatt zur Hand und versuchen Sie nun, den Plan nachzuzeichnen. Nicht verzagen, wenn Sie sich nicht alle Straßennamen merken können. Ein kleiner Tip: Versuchen Sie zu assoziieren.

2.3 Vornamen-ABC

Notieren Sie bitte zu jedem Buchstaben im Alphabet einen männlichen Vornamen.

A	______	G	______	M	______	S	______	Y	______
B	______	H	______	N	______	T	______	Z	______
C	______	I	______	O	______	U	______		
D	______	J	______	P	______	V	______		
E	______	K	______	Q	______	W	______		
F	______	L	______	R	______	X	______		

2.4 Wortpaare

Trainieren Sie die Aufmerksamkeit für Wörter und Begriffe

Bilden Sie aus den folgenden Wörtern sinnvolle Wortpaare.
Beispiel: Haus/Garten = Gartenhaus

Blumen – Straßen – Haus – Topf – Meister – Schein – Mond – Pflanze – Zimmer – Schiene – Belag – Vorhang

________________ ________________ ________________
________________ ________________ ________________

2.5 Magisches Quadrat

Tragen Sie die Zahlen von 1 bis 9 so ein, daß die Quersumme in jeder Waagerechten, Senkrechten und in beiden Diagonalen 15 beträgt. Es gibt insgesamt acht Lösungen.

2.6 Scherzfrage

Womit fängt der Tag an und hört die Nacht auf?

Dritter Tag

3.1 Rückwärtslesen

Konzentrieren Sie sich!

Versuchen Sie, so schnell wie möglich, die Wörter im Text rückwärts zu lesen:
eleiv negalk rebürad, hcis thcin nereirtneznok uz nennök. saw tsi nereirtneznok tpuahrebü? retnu nereirtneznok thetsrev nam enie etethciregleiz tiekmaskremfua. eis driw hcrud eleiv nerotkaf tßulfnieeb: dargsgnudümre, dnatsuznomroh, ehcysp eiwos hcrud sad esseretni na red ehcas. nnew gnutulfrebüzier tgeilrov, netllos eid nerotkafröts tetlahcsegsua redo fua nie muminim tznergeb nedrew.

3.2 Wortpaare

Assoziieren Sie in Ihren Gedanken folgende Wortpaare. Sie haben zwei Minuten Zeit. Decken Sie dann die linke Seite zu und schreiben die Begriffe aus dem Gedächtnis auf.

Vogel	–	Türe	______________
Computer	–	Blitz	______________
Tee	–	Lampe	______________
Politiker	–	Schule	______________
Buch	–	Kinder	______________
Insel	–	Papier	______________
Zuckerhut	–	Tasse	______________
Fahrrad	–	Ofen	______________
Sand	–	Bild	______________
Konzert	–	Kolben	______________

Konnten Sie sich alle Begriffe merken?

3.3 Obst-ABC

Welches Obst fällt Ihnen zu den Buchstaben im Alphabet ein? Strengen Sie sich an, auch wenn Sie nicht alle Sorten finden!

Beziehen Sie auch exotische Sorten mit ein!

A ______	G ______	M ______	S ______	Y ______
B ______	H ______	N ______	T ______	Z ______
C ______	I ______	O ______	U ______	
D ______	J ______	P ______	V ______	
E ______	K ______	Q ______	W ______	
F ______	L ______	R ______	X ______	

3.4 Buchstabentausch

Versuchen Sie bitte, die Buchstaben so zu tauschen, daß sie ein sinnvolles Wort ergeben:

DOEM	EILKD	USHCEH	AEKCJ	NATMLE	CKNESO	SREOTUHMM
______	______	______	______	______	______	______

3.5 Rechenaufgabe

So praktisch Taschenrechner auch sein mögen – für unser Gedächtnis-Training müssen Sie die folgenden Aufgaben im Kopf rechnen:

6 + 4 + 3 + 8 + 5 + 8 + 3

8 – 3 + 7 – 4 + 5 – 3 + 2 – 7

53 + 92 + 67 + 35 + 74

93 – 52 + 64 – 15 + 28

151 x 7

315 : 9

3.6 Scherzfrage

Wer spricht alle Sprachen?

Vierter Tag

4.1 Hausnummern suchen

Verbinden Sie, möglichst schnell, mit einem Bleistift die Hausnummern von 1 bis 25.

4.2 Einkaufsliste

Merken Sie sich die Liste in der richtigen Reihenfolge. Decken Sie die linke Seite zu und schreiben Sie die Begriffe auf.

Nehmen Sie das Haken-System (Seite 43) oder die Zahlensymbole (Seite 59) zu Hilfe!

1. Milch	6. Essig	________	________
2. Butter	7. Bananen	________	________
3. Marmelade	8. Pudding	________	________
4. Brot	9. Schokolade	________	________
5. Salat	10. Schnürsenkel	________	________

4.3 Das ABC der technischen Erfindungen

Ordnen Sie bitte jedem Buchstaben im Alphabet eine Erfindung zu.

A	______	G	______	M	______	S	______	Y	______
B	______	H	______	N	______	T	______	Z	______
C	______	I	______	O	______	U	______		
D	______	J	______	P	______	V	______		
E	______	K	______	Q	______	W	______		
F	______	L	______	R	______	X	______		

4.4 Buchstabensalat

Verbinden Sie mit dem Bleistift die Buchstaben so, daß sie sinnvolle Wörter ergeben. Die Buchstaben stehen nicht immer in einer Reihe, sollten sich aber immer berühren – waagrecht, senkrecht oder diagonal. Mindestens zehn Wörter sind enthalten:

Beispiel:

r
e – p
o

f	e	g	r
r	d	e	p
t	a	n	o
o	t	g	e

4.5 Die richtige Aufteilung

Zwei Freunde haben von einem Weinbauern 8 Liter Wein gekauft. Da er normalerweise nur an Großabnehmer verkauft, hat er nur ein 8-Liter-Gefäß. Nach längerem Suchen findet der Weinbauer noch zwei Gefäße mit 5 Liter und 3 Liter Fassungsvermögen. Wie können nun die beiden Freunde nur durch mehrmaliges Umschütten ohne sonstige Meßvorrichtungen den Wein redlich teilen?

4.6 Scherzfrage

In welchem Monat ißt man am wenigsten?

Fünfter Tag

5.1 Wortsuchspiel

Ihre Geburtstagsgeschenke liegen kreuz und quer und in alle Richtungen geschrieben versteckt in der Wortsuppe. Finden Sie:
Uhr – Blumen – Halskette – Parfüm – Buch – Fahrrad – Computer – Kleid – Ring

K	T	Z	O	P	Ü	E	T	R	R	R	O	P	R	T	M	O
F	E	T	T	E	K	S	L	A	H	K	B	U	C	H	K	U
L	B	T	E	R	T	E	K	N	G	U	K	U	W	T	S	A
K	L	P	O	T	E	W	E	T	N	E	M	U	L	B	R	Z
A	P	A	R	F	Ü	M	U	Ö	K	R	S	T	D	E	T	I
G	L	A	B	T	U	Z	T	R	L	L	T	R	T	Z	D	R
N	E	T	D	L	Q	U	O	E	E	N	S	A	R	E	Z	H
I	F	D	B	R	E	U	A	E	I	G	H	Z	I	O	P	U
R	R	O	K	U	R	T	O	L	D	A	R	R	H	A	F	G
D	C	O	M	P	U	T	E	R	H	J	K	L	J	O	S	H

5.2 Zahlenschlacht

Prägen Sie sich binnen drei Minuten die Zahlenkombinationen mit Hilfe der Tricks von den Seiten 59 und 60 ein. Decken Sie die Vorlage zu und schreiben Sie die richtigen Ziffern auf.

2467 – 5323 – 6432 – 5611 – 1347

5.3 Städte-ABC

Sie können diese Übung auch mit Städten in England, den USA oder Frankreich wiederholen

Schreiben Sie aus dem Gedächtnis für jeden Buchstaben im Alphabet eine Stadt in Deutschland auf.

A ______	G ______	M ______	S ______	Y ______
B ______	H ______	N ______	T ______	Z ______
C ______	I ______	O ______	U ______	
D ______	J ______	P ______	V ______	
E ______	K ______	Q ______	W ______	
F ______	L ______	R ______	X ______	

5.4 Bedeutungen abändern

Ändern Sie die Bedeutung der Abkürzungen ab, so daß Sie einen anderen Sinn ergeben: zum Beispiel GmbH: »Gib mir bitte Halt« oder »Gans mit blauem Hals.«

A.A.	c.t.	KKW	a.a.O.	DBB
u.d.M.	BA	FIS	VDI	IOC

5.5 Ausbruch aus dem Gefängnis

Kalle, der Safe-Knacker, sitzt in seiner Gefängniszelle. Er kommt nur dann frei, wenn er die am entgegengesetzten Ende des Gefängnisses liegende Zelle erreicht. Bedingung ist, daß er auf seinem Weg alle 26 Zellen einmal – und nur einmal– durchquert. Allerdings kann er seine eigene Zelle mehrmals durchqueren. Wie muß Kalles Weg durch die Zellen aussehen?

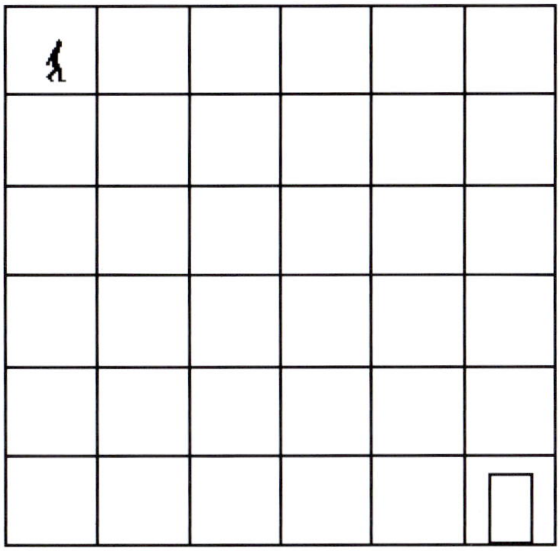

Mit Hilfe kniffliger Denkaufgaben wie dieser können Sie sich von eingefahrenen Denkstrukturen lösen

5.6 Scherzfrage

Welche Hose kann kein Schneider machen?

Sechster Tag

6.1 Noch ein Alphabet

Verbinden Sie möglichst schnell die Buchstaben oben von A bis Z.

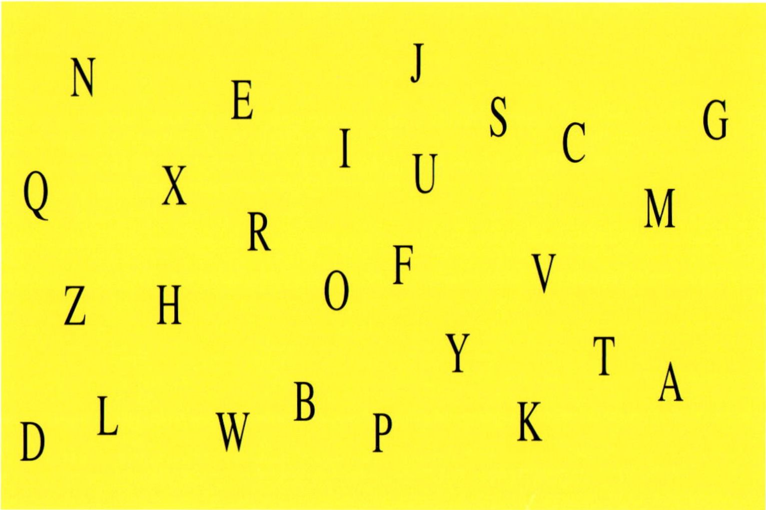

6.2. Stop!!

Sicher im Verkehr

Prägen Sie sich innerhalb von zwei Minuten bitte folgende Verkehrsschilder ein. Verdecken Sie die Vorlage und schreiben Sie ihre Bedeutung aus dem Gedächtnis auf ein Blatt.

6.3 Länder-ABC

Schreiben Sie für jeden Buchstaben bitte jeweils ein Land auf, das mit diesem Buchstaben beginnt. Bitte strengen Sie sich an, auch wenn Sie nicht alle finden.

A ______	G ______	M ______	S ______	Y ______
B ______	H ______	N ______	T ______	Z ______
C ______	I ______	O ______	U ______	
D ______	J ______	P ______	V ______	
E ______	K ______	Q ______	W ______	
F ______	L ______	R ______	X ______	

Auch bei schwierigen Buchstaben nicht aufgeben!

6.4 Lückenbüßer

Füllen Sie bei dieser Übung die vorgegebenen Anfangs- und Endbuchstaben mit weiteren Buchstaben, so daß sinnvolle Wörter entstehen – mindestens zehn.

B....n (zum Beispiel: Bein, Blasen etc.)
B....l

6.5 Die richtige Zeichensetzung

Bilden Sie aus den folgenden Zahlen durch das Hinzufügen von Rechenzeichen eine richtige Gleichung. Die Reihenfolge der Ziffern darf nicht verändert werden! Sie dürfen aber mehrere Ziffern zu einer Zahl zusammenfügen, zum Beispiel 5 6 = 56

1 2 3 4 5 6 7 8 9 = 100

6.6 Scherzfrage

Auf welcher Straße ist noch niemand gefahren?

Siebter Tag

7.1 Kippfigur

In diesem Bild können Sie zwei Motive entdecken. Welche?

7.2 Zahlenpyramide

Prägen Sie sich jeweils eine Zahlenreihe kurz ein, decken Sie sie zu und schreiben Sie sie rückwärts auf.

576 _____

3748 _______

69834 _________

571930 ___________

8462951 _____________

7.3 Flüsse-ABC

Schreiben Sie für jeden Buchstaben bitte jeweils einen Fluß auf, der mit diesem Buchstaben beginnt. Auch wenn Sie nicht alle Flüsse finden, geben Sie nicht auf.

A ______	G ______	M ______	S ______	Y ______
B ______	H ______	N ______	T ______	Z ______
C ______	I ______	O ______	U ______	
D ______	J ______	P ______	V ______	
E ______	K ______	Q ______	W ______	
F ______	L ______	R ______	X ______	

7.4 Tierkette

Bilden Sie eine Wörterkette mit Begriffen aus der Tierwelt. Nehmen Sie dabei immer den letzten Buchstaben als Anfangsbuchstaben des neuen Wortes. Versuchen Sie mindestens 15 Wörter ohne zu langes Überlegen zu finden.

Gehen Sie möglichst zügig vor

Zum Beispiel: Dackel – Lama – Affe – ...

7.5 Zahlenkombinationen

Ergänzen Sie die Reihen mit der jeweils richtigen Zahl.

2 4 6 8 10 12 14 ____________

1 3 6 10 15 21 28 ____________

38 36 18 16 8 6 3 ____________

7.6 Scherzfrage

Was liegt zwischen Berg und Tal?

Achter Tag

8.1 Ungleiche Buchstabenpaare

Suchen Sie in den beiden Reihen so schnell wie möglich die ungleichen Buchstabenpaare heraus.

Q W E R T Z U I O P Ü A S D F G H J K L Ö Ä Y X C V B N M
Q W E P T Z U J O P U D S D E D H J K L O Ä Y X D M P N M

8.2 Symbole

Prägen Sie sich die Symbole zwei Minuten lang ein. Verdecken Sie die Vorlage, nehmen Sie ein Blatt und zeichnen Sie sie aus dem Kopf.

8.3 Getränke-ABC

Schreiben Sie für jeden Buchstaben bitte jeweils ein Getränk auf, das mit diesem Buchstaben beginnt.

Denken Sie nicht nur an Säfte oder Teesorten!

A ______	G ______	M ______	S ______	Y ______
B ______	H ______	N ______	T ______	Z ______
C ______	I ______	O ______	U ______	
D ______	J ______	P ______	V ______	
E ______	K ______	Q ______	W ______	
F ______	L ______	R ______	X ______	

8.4 Besondere Merkmale

Sie befinden sich auf der Autobahn und sehen folgendes Schild. Prägen Sie sich die Einzelheiten gut ein.

Diese Übung können Sie gut auf langweiligen Autofahrten wiederholen

Decken Sie nun das Bild zu und beantworten Sie folgende Fragen:
- Wie heißt die Raststätte?
- Wie weit ist es noch bis zur Raststätte?
- Kann man dort auch tanken?
- Kann man auch telefonieren?
- Wie weit ist es bis zur nächsten Tankstelle?

8.5 Welches Wort fehlt?

Jetzt ist Kombinieren gefragt

Setzen Sie ein Wort ein, das jeweils in der Klammer fehlt:

Zum Beispiel:		Feier	(Fest)	Hart
	a)	Niederschlag	(......)	Seil
	b)	Rechnung	(......)	Grube
	c)	Verstand	(......)	Gespenst

8.6 Scherzfrage

Wozu raucht man eine Zigarette?

Neunter Tag

9.1 Das kleine Entchen

Wie kommt das kleine Entchen zu seiner Entenmutter?

Konzentrieren Sie sich, und helfen Sie dem Entchen möglichst rasch aus dem Labyrinth heraus.

9.2 Vogel-ABC

Schreiben Sie für jeden Buchstaben eine Vogelart auf, die mit diesem Buchstaben beginnt. Strengen Sie sich bitte an, auch wenn Sie nicht alle finden.

A ______	G ______	M ______	S ______	Y ______
B ______	H ______	N ______	T ______	Z ______
C ______	I ______	O ______	U ______	
D ______	J ______	P ______	V ______	
E ______	K ______	Q ______	W ______	
F ______	L ______	R ______	X ______	

9.3 Die Gedanken sind frei

Welche Assoziationen stellen sich bei Ihnen spontan ein? Ergänzen Sie die Wörter, zum Beispiel:

Fußball-	-fan,	-spiel,	-spieler,	-trainer,	-mannschaft
Herbst-	______	______	______	______	______
Fenster-	______	______	______	______	______
Klang-	______	______	______	______	______
Haus-	______	______	______	______	______
Brot-	______	______	______	______	______
Buch-	______	______	______	______	______
Standard-	______	______	______	______	______

9.4 Geschichten erfinden

Erzählen Sie mit den zehn Begriffen eine möglichst phantasievolle Geschichte:

Zeitschrift – Auto – Freund – Kino – Büro – Salat – Sport – Computer – Park – Parfüm

9.5 Wichtige Mitteilung

Jetzt wird's knifflig...

Neulich schickte der Sohn seinem Vater einen Zettel, auf dem zu lesen war:

18 24 19 – 19 26 25 22
16 22 18 13 – 20 22 15 23

»Das ist eine wichtige Mitteilung«, schrieb er dazu. »Du wirst den Satz, der aus vier Wörtern besteht, leicht entziffern können, denn die Zuordnung der Buchstaben zu den Zahlen ist einfach. Schau Dir die Zahlen genau an.«
Welche Mitteilung schrieb der Sohn an den Vater?

9.6 Scherzfrage

Was steht hinter Jürgen Klinsmann?

Zehnter Tag

10.1 Zahlenduo

Bitte unterstreichen Sie – möglichst schnell – alle hintereinanderstehenden Zahlenpaare, deren Summe 11 ergibt.

2464382099238438473269267461833478726533219270055 47
783269218835664765563386467300962783519538274334252

10.2 Bild einprägen

Prägen Sie sich das Bild von Carl Spitzweg bitte 30 Sekunden lang gut ein. Decken Sie es anschließend ab.

Das Bild »Die Jugendfreunde« aus dem Jahr 1855 gehört zu den bekanntesten Gemälden Spitzwegs.

Beantworten Sie nun die folgenden Fragen:

- Der ankommende Gast hält in seiner linken Hand – einen Spazierstock, eine Tasche, einen Schirm?
- Der Freund auf der Treppe begrüßt ihn – mit einer Pfeife in der rechten oder linken Hand, mit einem Tuch in der linken Hand?

- Der Gast hat auf seinem Kopf – eine Mütze, einen Zylinder, nur seine Haarpracht?
- Der Gast trägt – eine Krawatte, eine Fliege, einen Schal?

10.3 Vornamen-ABC

Schreiben Sie für jeden Buchstaben bitte jeweils einen weiblichen Vornamen auf, der mit diesem Buchstaben beginnt.

Fällt Ihnen auch bei Q etwas ein?

A ______	G ______	M ______	S ______	Y ______
B ______	H ______	N ______	T ______	Z ______
C ______	I ______	O ______	U ______	
D ______	J ______	P ______	V ______	
E ______	K ______	Q ______	W ______	
F ______	L ______	R ______	X ______	

10.4 Der verschwundene Vierbeiner

Unten finden Sie Tiere aufgeführt. Allerdings haben sie einige Buchstaben verloren. Fügen Sie die entsprechenden Anfangs- und Endbuchstaben hinzu. In der richtigen Reihenfolge ergeben die Anfangsbuchstaben ein weiteres Tier.

Welches Tier versteckt sich?

_ ÜRTELTIE_ _GE_ _ROSC_ _IDECHS_ _LLIGATO_

HINOZERO _UCH_

10.5 Buchstabenfolge

Setzen Sie die Reihen mit dem jeweils richtigen Buchstaben fort.

A C E G I K M ______

A B D E G H J ______

z v w s t p q ______

10.6 Scherzfrage:

Was ist in der Mitte vom Nil?

Wie geht es weiter?

Wir hoffen, Sie haben in den vergangenen zehn Tagen mit Hilfe des Trainings-Programms und der Tips aus diesem Buch eine deutliche Verbesserung Ihres Gedächtnisses festgestellt!?
Doch wie geht es jetzt weiter? Üben Sie nach wie vor, getreu unserem Motto: »Mäßig, aber regelmäßig.« Bleiben Sie geistig vital, Gelegenheit haben Sie genug: Trainieren Sie einfach an Ihrer Arbeitsstelle, beim Lernen, in der Schule oder bei Fortbildungen. Verbinden Sie das Training mit dem Nützlichen: Lernen Sie zum Beispiel die wichtigsten Adressen aus Ihrem Adreßbuch auswendig. Lösen Sie Rätsel, diskutieren Sie angeregt und viel und spielen Sie mit Freunden Denkspiele: Skat, Schach, Scrabble, Memory und anderes. Oder schaffen Sie sich eines der zahlreichen Bücher mit Gedächtnis-Trainings-Aufgaben an.
Wahrscheinlich haben Sie auch festgestellt, daß Ihr Gedächtnis starke und schwache Seiten hat: Können Sie sich Namen gut merken, Zahlen dafür überhaupt nicht? Dann sollten Sie bewußt diese Schwachstellen wegtrainieren. Und wenn Sie den persönlichen Kontakt zu einem Trainer schätzen: Viele Weiterbildungsträger und private Institute bieten Kurse und Seminare zum Gedächtnis-Training an. Wir hoffen, Sie haben durch diesen Ratgeber ein neues Hobby entdeckt!
Gern würden wir von Ihnen erfahren, aus welchen Bereichen Sie den größten Nutzen gezogen haben und inwieweit dieses Gedächtnis-Training, einschließlich Test, Tips und Trainings-Programm, Ihre Erwartungen erfüllt hat. Selbstverständlich interessiert uns auch Ihre Kritik.

- Welche Tips/Übungen haben Sie am meisten angesprochen?
- In welchen Bereichen können Sie aufgrund des Trainings eine Veränderung feststellen?
- Was haben Sie vermißt beziehungsweise was hat Ihnen nicht gefallen?
- Welche Verbesserungen wären Ihrer Meinung nach angebracht?

Über eine Rückmeldung (Adresse siehe Seite 101) würden wir uns sehr freuen.

Zum Nachschlagen

Lösungen zum Gedächtnis-Training

1.1.
KEILONOPERWSP**HELMUT**FGHWELLEPORPPPDLFKFEMBKIQP-PESYÜPLKASDIO**ANJA**ÖRÜQDIWEPOYS**HANS**LP**KAY**STOPES**DE-BORA**TREESXTZK**LISA**KFGPBLYSWS**FINNI****MARION**LEFFKGJEID-LSOFJJDUFJUHEURDFUHRGDURJDJ**SIEGFRIED**FFRD**ALOIS**OPKJ

1.3 A.A.: Auswärtiges Amt; a.a.O: am angegebenen Ort; BA: British Airways, c.t.: cum tempore; DBB: Deutscher Beamtenbund; FIS: Federation Internationale du Ski; KKW: Kernkraftwerk; u.d.M.: unter dem Meeresspiegel; VDI: Verein Deutscher Ingenieure; IOC: Internationales Olympisches Komitee

1.5 6,25 – sowohl 5 abgezogen als auch dividiert ergibt 1,25

1.6 Der Hering

2.4 Blumentopf, Hausmeister, Mondschein, Straßenbelag, Zimmerpflanze, Vorhangschiene

2.5

8 3 4	6 1 8	2 7 6	4 9 2	2 9 4	4 3 8	8 1 6	6 7 2
1 5 9	7 5 3	9 5 1	3 5 7	7 5 3	9 5 1	3 5 7	1 5 9
6 7 2	2 9 4	4 3 8	8 1 6	6 1 8	2 7 6	4 9 2	8 3 4

2.6 Mit »t«

3.4 Mode, Kleid, Schuhe, Jacke, Mantel, Socken, Sommerhut

3.5 37; 5 ; 321; 118; 1057; 35

3.6 Das Echo

4.4 Feder, Degen, der, Rad, Tat, Tango, tot, Rat, Rede, Ego, fegen...

4.5

8-l-Gef.	8 →	3	3	6	6 →	1	1	4
5-l-Gef.	–	5 →	2	2	–	5 →	4	4
3-l-Gef.	–	–	3	–	2	2	3	–

→ Schütten

→ bleibt als Rest

4.6 Im Februar

5.1 Wortsuchspiel:

K	T	Z	O	P	Ü	E	T	**R**	R	R	O	P	R	T	M	O
F	**E**	**T**	**T**	**E**	**K**	**S**	**L**	**A**	**H**	K	**B**	**U**	**C**	**H**	K	U
L	B	T	E	R	T	E	K	**N**	G	**U**	K	U	W	T	S	A
K	L	P	O	T	E	W	**E**	T	N	E	M	U	L	B	R	Z
A	**P**	**A**	**R**	**F**	**Ü**	**M**	U	Ö	**K**	R	S	T	D	E	T	I
G	L	A	B	T	**U**	Z	T	R	**L**	L	T	R	T	Z	D	R
N	E	T	D	**L**	Q	U	O	E	**E**	N	S	A	R	E	Z	H
I	F	D	**B**	R	E	U	A	E	**I**	G	H	Z	I	O	P	U
R	R	O	K	U	R	T	O	L	**D**	**A**	**R**	**R**	**H**	**A**	**F**	G
D	**C**	**O**	**M**	**P**	**U**	**T**	**E**	**R**	H	J	K	L	J	O	S	H

5.5
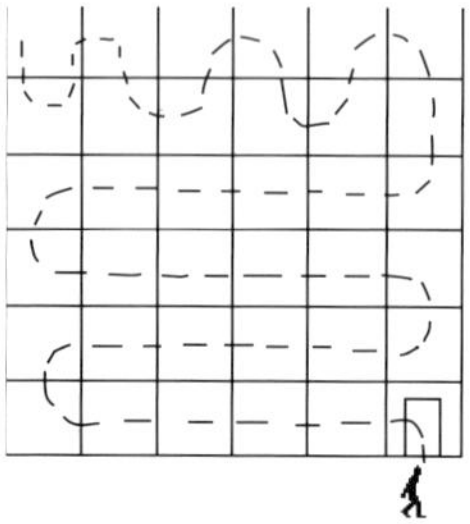

5.6 Die Windhose

6.2 1. Unebene Fahrbahn, 2. Gefährliche Kurve 3. Kreuzung, 4. Schleudergefahr, 5. Gefälle, 6. Verengte Fahrbahn, 7. Bewegliche Brücke, 8. Baustelle, 9. Kinder, 10. Wildwechsel, 11. 80 Meter bis zur Schranke, 12. 160 Meter bis zur Schranke, 13. 240 Meter bis zum Bahnübergang ohne Schranke, 14. 240 Meter zum Bahnübergang mit Schranke

6.5 123 – 45 – 67 + 89 = 100

6.6 Auf der Milchstraße

7.1 Maus und Mann mit Bart im ersten Bild; alte Frau mit großer Nase und langem Kinn und junge Frau, die ihr Gesicht abwendet.

7.5 16 (2 + 2 = 4 + 2 = 6 + 2 = ...)
36 (1 + 2 = 3 + 3 = 6 + 4 = 10 + 5 = ...)
1 (38 – 2 = 36 : 2 = 18 – 2 = 16 : 2 = 8 ...)

7.6 das »und«

8.1
Q W E R T Z U I O P Ü A S D F G H J K L Ö Ä Y X C V B N M
Q W E **P** T Z U **J** O P **U** **D** S D **E** **D** H J K L **O** Ä Y X **D** **M** **P** N M

8.5 Tau; Zeche; Geist

8.6 Zu Asche

9.5 »Ich habe kein Geld«. Den Buchstaben A bis Z werden die Zahlen in umgekehrter Reihenfolge , also von 26 bis 1 zugeordnet.

9.6 ein Fragezeichen

10.4 **G**ürteltie**r**; **I**ge**l**; **F**rosc**h**; **E**idechs**e**; **A**lligato**r**; **R**hinozero**s**; **F**uch**s**; aus den Anfangsbuchstaben entsteht »Giraffe«

10.5 O: Jeweils der zweite Buchstabe war gefragt
K: Abwechselnd der nächste und übernächste Buchstabe
m: Abwechselnd vier zurück und einen vor

10.6 Das »i«

Seite 47: Hase und Ente; rechts geht die Treppe von links unten nach rechts oben, oder sie liegt auf dem Kopf

Seite 68: **exciting**: Ich lese x (unzählige) spannende Seiten; **obey**: Wobei Schüler gehorchen müssen; **supper**: Sapperlot, das Abendessen ist versalzen; **chose**: Ich nehme Sachen auf den Schoß; **malade**: Wenn ich ins Krankenhaus gehe, sag' ich mal ade; **tombee**: Tom fällt beim Pflücken der Beeren (hin).

Seite 70: **Nudismus:** klingt wie »Nudeln« und »Mus« – bevor Sie »nackte« (= ohne Sauce) Nudeln essen, verspeisen Sie sie lieber mit Mus. **Minarett:** »Mina« und »retten« – die Mina rettet sich auf den Turm. **Latent:** »Latte« und »tent« (das englische Wort für Zelt) – hinter einem Lattenzaun liegt das Zelt verborgen.

Bücher, die weiterhelfen

Birkenbihl, Vera F.: *Stroh im Kopf? Vom Gehirn-Besitzer zum Gehirn-Benutzer;* MVG, München, Landsberg am Lech 2002
Buzan, Tony: *Kopftraining – Anleitung zum kreativen Denken*; Goldmann, München 1999
Buzan, Tony: *Nichts vergessen – Kopftraining für ein Supergedächtnis*; Goldmann, München 2000
Dalla Via, Gudrun: *Power-Nahrung fürs Gehirn – Tips und Rezepte*; Rowohlt, Reinbek 1998
Dennison, Paul E.; Dennison, Dail E.: *Brain-Gym*; VAK, Freiburg im Breisgau 2001
Fischer, Bernd; Lehrl, Siegfried: *Gehirn-Jogging*; Mediteg, 1992
Johnen, Wilhelm: *Muskelentspannung nach Jacobson*; Gräfe und Unzer, München 1995
Langen, Prof. Dr. med. Dietrich: *Autogenes Training*; Gräfe und Unzer, München 1994
Lapp, Danielle C.: *Nichts mehr vergessen!*; Rowohlt, Reinbek 1998
Lesch, Mathias; Förder, Gabriele: *Kinesiologie: Aus dem Streß in die Balance*, Gräfe und Unzer, München 1995
Schwebke, Dr. med. Frank: *Der Weg zum Supeerhirn*; Gräfe und Unzer Verlag, München 2002
Svantesson, Ingemar: *Mind Mapping und Gedächtnistraining*; Gabal Verlag 2001
Waesse, Harry: *Yoga für Anfänger*; Gräfe und Unzer, München 1995

Weitere Informationen

Wenn Sie Fragen zum Gedächtnis-Training haben, mehr über die Deutsche Gedächtnismeisterschaft wissen, Ihr Training intensivieren oder ein Seminar mitmachen wollen, fragen Sie nach bei:

Gesellschaft für Gedächtnis- und Kreativitätsförderung e.V. (GGK)
Riedstr. 9
88316 Isny
Tel.: 07562/91008;
e-mail: info@ggk.de

Wenn Sie an das Internet angeschlossen sind, erhalten Sie unter folgender Adresse Informationen über Gedächtnis-Training und Wettbewerbe sowie einen weiteren interaktiven Test für Ihr Gedächtnis:

http://www.ggk.de

Sachregister

Impressum

© 1996 Gräfe und Unzer Verlag GmbH, München
Alle Rechte vorbehalten.
Nachdruck, auch auszugsweise, sowie Verbreitung durch Film, Funk und Fernsehen, durch fotomechanische Wiedergabe, Tonträger und Datenverarbeitungssysteme jeder Art nur mit schriftlicher Genehmigung des Verlages.

Redaktion: Gabriele Hopf
Lektorat: Angela Hermann-Heene
Herstellung: Ina Hochbach
Illustrationen: Martin Scharf
Fotos: Seite U 1 Gruner und Jahr/Bokelberg; S. 30 von links nach rechts erste Reihe: Gruner und Jahr/Bokelberg; Tony Stone/Dan Bosler; Tony Stone/Ken Fisher; zweite Reihe: Gruner und Jahr/Bokelberg (2); Tony Stone/Peter Gorrez; dritte Reihe: Tony Stone/Christopher Bissell; Gruner und Jahr/Bokelberg (2); S. 57: Gruner und Jahr/Bokelberg (4), Seite 96: Joachim Blauel/Artothek
Wissenschaftliche Beratung: Prof. Dr. Hans J. Markowitsch, Universität Bielefeld
Layout und Umschlaggestaltung: Heinz Kraxenberger
Gesamtherstellung: BuchHaus Robert Gigler GmbH
Lithos: Artilitho, I-Trento
Druck und Bindung: Appl, Wemding
Printed in Germany

ISBN 3-7742-1297-X

Auflage	11	10	9	8	7
Jahr	07	06	05	04	03